河北省数字赋能乡村振兴研究院 编

乡村振兴观察

（第二辑）

贺 疆 主编

首批全国优秀出版社 | 中国农业出版社
农村设物出版社

图书在版编目（CIP）数据

乡村振兴观察. 第二辑 / 河北省数字赋能乡村振兴研究院编；贺疆主编. -- 北京：中国农业出版社, 2024. 10. -- ISBN 978-7-109-32460-2

Ⅰ. F320.3

中国国家版本馆CIP数据核字第2024WG7059号

乡村振兴观察（第二辑）

XIANGCUN ZHENXING GUANCHA (DI ER JI)

中国农业出版社出版

地址：北京市朝阳区麦子店街18号楼

邮编：100125

策划编辑：李　梅　　　责任编辑：李　梅

版式设计：梧桐影　　　责任校对：吴丽婷

印刷：北京中科印刷有限公司

版次：2024年10月第1版

印次：2024年10月北京第1次印刷

发行：新华书店北京发行所

开本：787mm × 1092mm　1/16

印张：13

字数：325千字

定价：108.00元

民族要復興

甲辰端午对

鄉村必振興

長沙曹雋平

序言

学好用好“千万工程”经验

李凤刚

今年中央 1 号文件，开宗明义阐述了“千万工程”经验的重要性。浙江“千村示范、万村整治”的做法，历经 20 年的探索、实践、总结、升华，逐步形成一套完整的成功模式，对我国全面推进乡村振兴，具有普遍的指导和推广意义。“千万工程”经验，为解决好乡村发展建设中遇到的问题提供了一把金钥匙，我们要把这把金钥匙抓牢用好，以不断破解“三农”工作中出现的各种难题，从而更加有力有效地全面推进乡村振兴大业。

学好用好“千万工程”经验要坚持一切从实际出发。在我国幅员辽阔的 960 万平方公里大地上，分布着 60 多万个行政村落，这些村落类型特征复杂多样，经济、社会、文化、生态各不相同，有着较大的差异性。这就从客观上要求我们在学习推广“千万工程”经验过程中要从各地实际出发，不能生搬硬套。“千万工程”是从实践中来到实践中去的经验结晶，其特质是“实践性”和“鲜活性”，我们要在学特质、抓根本上下工夫，找准和本地实际最佳的结合点和切入点，因地制宜、因村制宜、因时制宜、因情施策。

学好用好“千万工程”经验要坚持以民为本。“千万工程”经验内涵丰富。乡村振兴关系到农村的和美、农业的兴旺、农民的幸福。在推广运用“千万工程”经验的过程中要把农民的利益放到首位，把为农民谋利益做为乡村振兴的出发点和落脚点。要坚持求实、求效的原则，循序渐进，从农民身边的事抓起，将农民关心关注的事抓到位。要在运用“千万工程”经验的过程中让农民不断地体验到获得感和幸福感。这就意味着抓这项工作并不是起点越高越好，也并不是越“高大上”越好，更不是“盆景式”垒造越多越好。比如，农村环境卫生整治、村容村貌美化绿化、公共设施及场所建设、街道胡同路面硬化、厕所改造、供水排水系统优化等，都是农民关心关注的热点。要一件一件地落实，稳扎稳打，步步为营，久久为功。

学好用好“千万工程”经验，要汇聚多方面力量参与。夯实“三农”基础，建设和美乡村，实现乡村全面振兴，需要继续加大资金投入。在实施乡村振兴战略的过程中，结合“千万工程”经验，国家和地方应加大乡村基础设施建设的投入，这是缩小城乡差别、实现共同富裕的重大举措。民族要复兴，乡村必要振兴。乡村振兴是国家大计，是国家之大事，也是社会之大事、企业之大事，乃至人人之大事。要组织动员一切社会力量积极参与到乡村振兴的伟大事业中来，并不断推进“千万工程”经验在全国广大农村落地开花、生根结果。

2024 年 5 月 23 日 于石家庄

目 录

文博在线

助农联动

原野牧笛

后记

封面图片

时代聚集

乡村图画（油画）　高云龙绘

背景提示

自古以来，民以食为天。粮食是一个国家和民族赖以生存的物质基础，粮食安全关乎民生，关乎社会！

2024 年 6 月 1 日，《中华人民共和国粮食安全保障法》正式实施。习近平总书记强调，粮食安全是“国之大者”，保障粮食和重要农产品稳定安全供给始终是建设农业强国的头等大事。粮食和重要农产品的稳定安全供给，是富民强国的基础和前提。

耕地和种子是粮食生产的两大关键要素。党的十八大以来，以习近平同志为核心的党中央高度重视国家粮食安全，实施国家粮食安全战略，坚持藏粮于地、藏粮于技，实行最严格的耕地保护制度，推动种业科技自立自强、种源自主可控，不断提高粮食综合生产能力。

五谷者，万民之命，国之重宝。

粮食稳则天下安。

从乡土到后乡土

——从衡水农场看当今语境下的传统农业

贺 疆

“大前年，我们种了一百亩谷子。谷子成穗的时候，麻雀会来啄食，还有很多别的鸟，这里是湿地保护区，不能伤害鸟类。稻草人已经不管用了，我们每天就转着圈地敲脸盆，脸盆都敲坏了好几个，虽然不能说颗粒无收，但也强不到哪里去。从前年开始，我们就雇两个人开着电子炮车围着地转，这样转上一个多月，就保证了谷子应收尽收。你看，赶麻雀也在与时俱进、升级换代了。”

这是衡水农场的管理人崇师给我讲的一个农场作业的小片段。他说：“我不认为我管理的这片农场是生态农业，我认为确切地说，应是传统农业。我们种地沿用

麦田拔草 贺疆摄

传统农业的种植方式，自己选种育种，不施化肥农药，不打除草剂，用的都是鸡粪农家肥，产量低但是品质好。我们这里主要种小麦，种谷子是这两三年的事儿，近年又开了八十多亩的花生地。”

传统、生态、有机、绿色、智慧、现代，这些词汇在我脑海里跳跃，我想大多数人同我一样是不甚了解或一知半解，抑或互为注解。那么，这些名词的含义和区别在哪里呢？

多维的解读

作为一个农业大国，作为一个农耕文明赓续几千年的民族，中国现代以来的农业领域出现了很多新的名称和概念，于是，延续了几千年的农业被命名为传统农业，之后有了现代农业、绿色农业、有机农业，现在热门的说法是生态农业，而智慧农业又是一个新兴的词汇和概念。

准备春耕　贺疆摄

我非农业专家，就个人理解，随着近年来环保观念深入人心，笼统而言，绿色、有机、生态，这些概念有很多交叉点，如果你不求甚解，大体也可以互为注脚。智慧农业对一般人而言可能相对陌生一些。智慧农业其实就是充分应用现代信息技术成果，与现代生物技术、种植技术等高新技术融合于一体，全程智能化指导和管理农牧业进行生产和流通作业的农业模式，是农业生产的高级阶段。

那么，传统农业的内涵又是什么呢?

按一般定义，传统农业是我国以往的一种农业生产经营方式，它是在自然经济条件下，采用人力、畜力、手工工具等为主的手工劳动方式，靠的是世代累积下来的经验、传统的耕作方法和农业技术来进行农业生产。传统农业所使用的生产技术相对落后，是一种粗放式耕作与劳动密集型精耕细作相结合的农业生产模式，劳动生产率极其低下，属封闭的、自我循环与发展的、自给自足的自然经济。

衡水农场的麦田　贺疆摄

没打灭草剂的田埂　贺疆摄

打了灭草剂的田埂　贺疆摄

在古代乃至近代，原始的生产工具、落后的生产技术、小块的耕地、与世隔绝的村落，农民的衣食住行、生老病死等在鸡犬相闻中循环往复，自给自足是自然而然的选择。

崇师的说法我并不太认同。他的理念是传统的，生产中还保留了一些传统农业的耕种技术和作业方法，但现在，他经营的是八百多亩的农场，使用的是半机械化的作业工具，这已经脱离了传统农业的范畴。不过相对于生态农业等新生的概念而言，崇师的理念确是传统的。所谓的传统，是他所坚守的对天道自然的敬畏，对生命价值和意义的践行，对传统的执着和守望。

当崇师提及“传统农业”这个词汇时，我抬眼看见门外一望无际的田野，绿油油的麦苗在风中起伏，间或有一片片金黄色的油菜花，零零星星的农人在地里拔草，宛若一幅油画铺展在眼前。崇师说：“他们是附近的村民，雇他们来拔麦蒿。”他停顿了片刻，又笑着说：“村子里年轻人都打工去了，只有老人，我们这些干活的，像我这样五六十岁的就是年轻人哩。”他又停顿了一下，慢慢地说：“去年雇来干活的老人，今年有的就不在了。人力资源是越来越稀缺。”空巢村已是当今乡土社会常见的现象。

一个八百多亩的农场，一座简易房，三五个人，两条狗，一辆三轮车，几套农具，这就是崇师他们生活和工作了十年的地方。

“空旷吗？”我咽下这句疑问，因为对面墙上挂着一幅对联：“数声清磬是非外，一个闲人天地间。”

流变的乡土

费孝通先生说：“我初次出国时，我的奶妈偷偷地把一包用红纸裹着的东西塞在我箱子底下。后来，她又避了人和我说，假如水土不服，老是想家时，可以把红纸包裹着的东西煮一点汤吃。这是一包灶上的泥土。”

这几句话，突出一个字——“土”，延伸出一个词——“乡土”，而又道出了安土重迁、附着于土地的民众的“土性”。后来费老以一部《乡土中国》定义了中国的社会的特性——乡土性。“乡土”不是一个贬义的概念，而是我国千百年来农业社会发展特点的集合。有谁可以否认，数千年的农业文明所构筑的中国意识不能够真正离开“乡土”这两个字而去获得另一种定义呢？当然，乡土并不是中国的全部，但是对于核心价值的讨论却无法避开对于乡土问题本身的追溯。

费老的《乡土中国》融入了深刻的社会思考，通俗易懂而微言大义。他让我们深刻认识到乡土中国真正的价值，领会到中国社会自身的变与不变的辩证关系，最为重要的是，这本书无意之中点破了一个重要问题——未来新型国家构建的基础究竟应该是怎样的。

“农，天下之本，务莫大焉”。自司马迁在《史记》中写下这句话，至今已过去两千多年。在这岁月长河中，中国土地上生长出来的作物不仅一直供养着华夏子孙，更孕育了灿烂的中华农耕文明。

中国悠久的农业历史，起源于没有文字记载的的远古时代，它发生于原始采集狩猎经济的母体之中。神农氏尝百草而有谷，观天时地利而创制斧斤耒耜，教人耕种，于是农业出现了。农、医、天、算，中国古代科学技术四大学科中，农学排在第一位，对其他三大学科亦有重要影响。

《诗经》中已有良种概念，穗选法产生不晚于汉代，南北朝时期已有相当于现在种子田的记述。清代出现单株选育的新品种。植物无性繁殖和无性杂交技术可追溯到先秦时代。强调施肥的重要和保持地力，始于战国，发展于宋、元，至明、清更趋完善。广大农区以粮食为主，多种经营，战国、秦、汉时已有在不同地区因地制宜的专业经营方式，或在同一经济单位内实行多种经营方式，这在极大限度上满足了自给自足和社会流通。明清时期，农产品生产完成了有机物质的良性循环和闭环结构，形成良性生态循环，且有持久的生命力。而传统农业关于生物多样性的思想和实践是我们现代人处理农业与自然环境关系的一份宝藏。

我问崇师："这片农场完成自我生态闭环了吗？"他摇头说："有机肥是从外地购入的，这里紧邻湿地，没有养殖业，目前是没办法完成自我循环。"

农业是国家的基础产业，也是国民经济的支柱产业之一，其中，粮食、农民、土地，这是最值得关注的三个要素。农民和土地结合，生产出了粮食。粮食安全是国家安全的基石。随着时代的发展，粮食安全问题越来越受到重视，绿色生态农业已获得广泛的关注和推广，是农业发展的重要方向。

在机械化大生产和信息科技飞速发展的时代背景下，作为乡土文化的重要构成，传统农耕文化的生存空间、农耕以及农耕文化的赓续成为时代之问。

午饭时，工友们用灶火烧制的馒头、米饭、土豆、红薯、蔬菜，吃得我们不亦乐乎，那是久违的泥土清香和粮食本身的甘醇。其间一个细节令我感动，一个工友连烤红薯的皮一并吃掉，而没有像大多数人那样剥皮扔掉。对粮食的珍惜，是一个农人刻在骨子里的肌肉记忆，自然而真实，令人感叹。

《吕氏春秋》有言："夫稼，为之者人也，生之者地也，养之者天也。"这句话表明，作为农业的"稼"，在古人眼中连通着天、地、人。"这里空气新鲜，粮食新鲜，我们吃得比你们好，这是大自然的馈赠。"崇师说。但我知道，能在一片土地安住很长时间，耐住寂寞，与土地、庄稼在一起，背后付出的辛苦是可以想见的。

崇师慢慢地说："我是学园林的，种地也算靠谱，和土地在一起，不用费心思，出几分力土地都知道，人勤地不懒，这就是因果。"是的，三四月做的事情，七八月自有答案。

本分的注脚

“农忙时劳作，冬闲时做什么？”我问。

“做自己该做的事儿。我认为本分是第一要务，就好像土地与庄稼。”崇师答，“我就是个种地的，把今天的活干好就行。至于其他，看天意成全了。”天下农人，“春耕、夏耘、秋收、冬藏，四者不失时，故五谷不绝”。这既是农业生产的规律，也是大自然周而复始、繁衍生息的道理。

“自己选择的路，无论如何也要走完。”这话，依旧是本分的一种注脚，一如眼前的庄稼，春华秋实，春生夏长。乡土中国，终以人为根本。四时农事，一粒种子从浸种、育秧、播种、移栽、分穗、孕育、壮籽，到收获、入仓，付出了辛勤的劳动，就能明晓土地的价值和生命的意义。生命，就在日出而作、日落而息的轮转中创造了意义。

田地卫士 贺疆摄

应时、取宜、守则、和谐，是我国传统农耕文化的核心内涵。“不违农时”是农民世代恪守的准则。因时、因地、因物而制宜，是一切农业举措必须遵守的原则。春种夏收、宜业宜居、孝亲敬祖、乐于天命、服从自然、克己复礼、正心修身等，是人在与自然的长期互动中形成的社会实践准则。和谐，即人要遵循自然规律。老子曰：“人法地，地法天，天法道，道法自然。”庄子曰：“天地与我并生，而万物与我为一。”这些话强调的都是要遵循自然规律，顺应自然法则，与自然和而为一。而中华传统农耕文明则是“天人合一”与“道法自然”的典范。

“土地平旷，屋舍俨然，有良田美池桑竹之属。阡陌交通，鸡犬相闻……黄发垂髫，并怡然自乐。”东晋陶渊明笔下的桃花源，成为人人心中的桃花源。“白水当门稻遂深，过雨忽翻金碧影。”明初刘伯温又给我们描绘了这样一个鱼米之乡的美好景象。走在田间小路，驻足水塘边，眺望绿油油的麦田，闻着油菜花香，在吹

坚守农场待十年的何师傅　贺疆摄

过田野的风中洞悉古往今来的信息，从土地的缝隙里获悉生命轮回的意义。

靠种地谋生的人才能明白泥土的可贵。在乡下，“土”是农人的命根。中国社会深深地扎根于“土里土气”的泥土之中，因此乡土中国的乡土文化也是依赖象征体系和个人的记忆而维持着的社会共同经验，作为一种文化心理模式的乡土观念已然成为中国人的集体意识。近年来，中国式现代化全面推进，市场经济的网络逐渐进入中国的乡土社会，现代道德观念对乡土文化的影响越来越深入。转型中的中国乡土社会正面临着怎样处理传统与现代关系的问题。

当行走在田野阡陌，高大的崇师缓步前行，小黑、小花两条大狗紧跟身后，左右护卫。崇师那身便于劳作和行动的大袖宽袍迎风猎猎，有种傲然天地之感，突然又觉得原野不空旷，天地也挺满。莫名地想起清华大学的校训：“天行健，君子以自强不息；地势坤，君子以厚德载物。”精辟而辩证地论述了人与自然、人与社会、人与人的关系。古人认为，天在上，地在下；天为阳，地为阴；天为金，地为土；天性刚，地性柔。天地合则万物生，四时行焉。人参赞天地化育，而得以“见天地之心”。天、地、人，中道而行，何惑之有？

而此刻，一抹禾香，从远古的田野里飘散开来，让我似乎嗅到了古时人间的烟火气息。

乡土的愿力

《说文解字》释：“民，众萌也。”“萌”指如草芽的芸芸众生。而庄稼之禾，亦是众“萌”。五谷者，万民之命，国之重宝。仓廪实，天下安。自古以来，民以食为天。一个人，一饮一啄关乎生存；一个民族，粮足仓实关乎存续；一个国家，粮食安全关乎国计民生。中国是一个农业大国，自古以来就形成了“以农立国”“以农为本”的传统。

在我国乡村现代化、工业化、信息化的快速发展中，在绿色生态农业的高速推进中，农耕文化成为了乡村探索自身特色产业的重要切入点。传统农耕文化的生存空间将会如何，又将以怎样的可持续发展的方式传承下去呢？

告别时，我问崇师：“您的愿力是什么？”崇师答：“赶紧死！”脱口而出毫不犹豫。我豁然洞明，哈哈一笑，喝一声彩。同行人皆懵。崇师微笑解释：“我就是普通人，谈不上愿力，就是活在当下。”其实，我明白崇师的言外之意。这是一种遵从天道自然的态度和遵循自然规律的精神安住。乡下人，生于斯长于斯，泥土里生长，泥土里呼吸，泥土里轮回。一如庄稼的四季，周而复始，生生不息。

衡水，古属冀州。《尚书·禹贡》记载，大禹治水后，划华夏为九州，冀为九州之首。东汉卢植在《冀州风土记》中称：“冀州，圣贤之泉薮，帝王之旧地。”他本人“生居此地，没即葬焉”。

希望的田野 贺疆摄

一次特殊的尝试

李向明

我写下的这个题目实际是很夸张的，这点事对于许多种地的农人来说，实在不算什么“特殊”。但是对我来说这不仅是“大姑娘上轿头一回”，而且与我大半辈子的职业毫不相关。从另外一个角度看，这应该是一个传统而古老的话题，并不新鲜，只是发生在当下。谁叫你是在边远山区呢！

2022 年 9 月 15 日，县委书记带领多个部门主管一行人到洪江村调研，我在发言中谈到了乡村产业存在问题，引起了农业相关负责人的质疑回应。

我进驻这个村六年多，眼见每年立项、实施周而复始。从 2016 年到 2022 年，

收割机「开镰」 李向明摄

搞过桃园、搞过大棚种植金线莲，又种过莲藕、百香果，还搞过蘑菇大棚，建过蔬菜基地，等等，一年一个项目，投资少则百万，多则几百万，几百亩土地反复尝试，没有哪个项目能持续发展下去。到底是项目本身的问题，还是技术问题？是前期管理问题，还是后期营销问题？我不清楚。但我亲眼所见，桃园里的杂草比树长得还高；包装好的金线莲放在仓库里卖不出去；蔬菜熟了，由于销售环节出了问题，滞销了，等等。这些情况不值得深思吗！

鉴于这些情况，我提出建议，恢复当地农民轻车熟路的传统农业，也就是“两黄一绿”——春季菜花黄，秋季稻谷黄，夏季稻田一片绿。这样先保证村民保底的收成。我的这个提议，被主持会议的县委书记充分肯定。当时，县委书记在总结中表示，可以走“两黄一绿”的路。当年年末，全村都恢复了他们的传统种植品种，全都种上了油菜。转年的三月，村子里满眼黄色的油菜花，在蓝天白云下呈现出如

妇女们在插秧　王楠摄

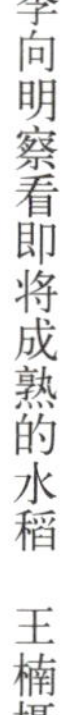
李向明察看即将成熟的水稻 王楠摄

诗如画的景色，吸引了许多游客来到此地拍照留影。村里因势利导，举行了“春之声——金色乡村艺术节”，吸引来许多游客观光。夏季，满眼迷人的绿色稻田，与绿色的山峦构成梦幻般的原野，在微风下，绿浪微动，美不胜收，村子里的民宿一时间爆满。收获的金秋时节，除了农田里的繁忙景象，村子里支持艺农合作，举行了稻秸雕塑活动，呈现出别致的艺术氛围，由此也增进了新老居民的友谊，丰富了乡村文化生活，增添了乡村现代意味的视觉美感。最重要的是，从这时起，没有一块田地撂荒，形成了四季有景的乡村风光。

写到这里，似乎我提出的“两黄一绿”只是为了增添村落的景色，错！问题并非这么简单。

我一直思考一个问题，洪江村不到 1500 口人，土地面积 27.4 平方公里，森林覆盖率 75%以上，基本农田有 800 亩。总体上看自然生态非常不错，有丰富的野生植

洪江的秋天 李向明摄

物。近几年，这里的交通也有了大幅度改善，距离著名的地球绿宝石小七孔景区只有 4 公里；贵南高铁 2023 年开通，开通后，荔波高铁站距离洪江村仅仅 8 公里。可以说，洪江村比起许多我去过的山区村落优势很明显，怎么就养不住人呢？

那次调研之后，我对这个问题想得就越来越多了。

要想知道梨子的滋味就得亲口尝一尝。我为了获得具体的数据，决定种一块地试验一把。我首先通过北京农业方面的朋友，找到了江西农业大学培育的水稻种子，在种植上，我决定让水稻完全自然生长，不使用化肥及各种农药，只使用一点牛羊粪做底肥。我从村民手里租下来四亩地，有两亩是撂荒一年多的，基本没有农药残留。而且，我选择的农田地势相对高一些，是为了不受周边的土地的影响。具体播种、插秧等许多技术活，当然还是要请当地村民来操作，我只提出要求，跟踪观察。

沉甸甸的稻穗　李向明摄

据提供稻种的朋友讲，这种水稻可以比其他水稻晚半个月下种。村民在 4 月下旬基本完成育苗，5 月中上旬基本完成插秧；我们则在 5 月初完成育苗，5 月底前完成插秧。我们的育苗和播种大约晚半个多月，但成熟时间好像也不晚几天。

转眼间，三个多月过去了，村民发现，我们的水稻没有病虫害，反而他们使用了杀虫剂的水稻有一些病虫害。我想大概是飞虫已经适应了那些农药，有了抗药性。当然，真正的原因还是留给权威专家们来揭示吧，这不是我们要讲的核心。

9 月中旬，全村的稻谷开始收割，我们的水稻也成熟了。收割速度很快，有专门的收费收割机进行收割，并且收割、脱粒一次完成。由于我租的地块没在一起，所以分两次收割，两个半天。之后就是晾晒。在阳光好的天气，稻米晾晒至干透需要三天时间。再之后装袋，共装了容量 50 斤的编织袋 41 袋半，总计大约 2000 斤，平均每亩约 500 斤。而其他村民使用农药化肥的水稻亩产为 800 到 1000 斤。这样的数据比较起来，显然我们不占优势。

但是，需要注意的是，我们的亩产 500 斤，基本是在放任生长且有一点任其“自生自灭”的状况下产生的结果，严格地讲不是一个最佳的产量。如果一位有种地经验的老农民，按照我们的方法，将田地管理及施肥、除草、灌溉等全过程都做到位的话，亩产不可能只有 500 斤。而且我们做了一番市场调查，发现这亩产 500 斤的稻米的市场收入是那个亩产 1000 斤的稻米的市场收入 5 倍以上。

按照国家的相关规定，我们这种种植实验产出的稻米，是可以归为无公害产品的，满足了有机食品的第一个标准。我们以市场上销售较好的稻乡牌五常大米为例，五常龙凤山稻花香大米 10 斤装，批发价为 219 元（网络显示价），平均约 22 元/斤。也就是说，假如我们种的大米如通过无公害有机米认证上市的话，价格也应该在 20 元/斤左右，至少应该在 10 元/斤以上。有一位农大毕业的种粮能手，种的米可以销售到 30 多元/斤，而且全是客户预订。但是，村民种的米销售价通常只有 2 元/斤。这就意味着，我们的亩产 500 斤稻米如果认证后上市销售，可以收入 10000 元以上；使用化肥农药的亩产 1000 斤，只可以收入 2000 元。这就是差距。

在我的倡导下，村委会开始带头种实验田。从选种到施肥都采取传统流程，确保水稻的品质。我相信，这批水稻的收入一定会给村民带来惊喜。

当然，从当下的市场行情来看，要靠粮食生产获得高收入，解决乡村的经济问题，除了绿色无公害之外，还需要增加几个因素：一是现代化的耕种方式，二是农产品的深加工，三是营销策略。现代化的耕种方式就是要实现机械化。著名的中国农村改革第一村凤阳小岗村为了发展现代农业，早已把原来的一家一户的小块田，合并成了大块田，以便于机械化耕种。机械化，是加快生产速度、增加劳动效益，使农民脱离繁重的体力劳动的基础条件。深加工是增加利润的重要环节。普通的小麦面粉每斤 2 元，而加工成方便面，可以做成 5 桶，每桶只有 2 两，按每桶的市场价 3～5 元计算，1 斤面粉的市场价可以增加 10 至 20 倍。1 斤普通大米 2 元，加工成锅巴就变成了每斤 8～12 元。许多农产品的深加工并不需要什么高科技，只是增加一些工序而已，何乐而不为！在市场经济环境中，营销环节是重要的环节，且不可或缺。我前面提到的失败项目中，有些项目就失败在营销环节的缺失，金线莲包装好放在库房里，无人推销；蔬菜成熟了烂在地里，也无人推销，如何盈利？！

我这里强调的是第一道关口——绿色环保的种植。把购买化肥农药的钱省下来，去收集、加工有机肥，也就是传统的农家肥以及自然生态的新陈代谢产生的有机肥。村落完全可以像自然森林，森林中有乔木、植物、动物、微生物和土壤，它们相互依存、相互制约、相互影响，从而形成一个生态链。比如森林里的树叶，年复一年一批一批掉落在地上，在水、土、阳光、空气的综合作用下，演化成为大地的养料反哺树木，由此周而复始，在大自然中形成繁茂的森林。

在帮助乡村完善基础设施建设的基础上，放手乡村的种植、养殖，通过自然生态的发展，让村落发展起自己的产业优势，这有利于发挥底层的创造性与积极性，对农村的长足发展是极其有益的。

因此，对于洪江村来讲，回到“两黄一绿”可以说是一种策略性选择，而这种选择的终极目标则是提高农民收入，改善农民生态环境，实现乡村振兴。

河北粮仓历史沿革

郭 正

积谷储粮是历朝历代政权定国安邦的重要经济手段，在战争赈灾、调剂余缺、稳定粮价方面发挥了重要作用。随着社会经济的发展，粮仓建设的规模不断扩大，储粮形式逐步改进，管理制度也日趋完善。河北为京畿重地，粮仓建设历史久远，粮仓类型、材质多样，特别是新中国成立后，各级政府对粮仓建设高度重视，投入大量资金有计划地开展粮仓建设，逐步形成了省、地（市）、县、基层四级储粮网络。

据考古发掘勘测，河北省武安市磁山粮仓距今 7800 年，是我国至今发现的最早的粮仓。磁山粮仓的发现，证明在新石器时代太行山以东的先民，已经基本上完成了由游牧向定居生活的转变，先民们生产的粮食除了满足全体成员食用外，多余的粮食还被储存起来，以备灾荒。

距今 7800 年的磁山粮仓被誉为『华夏第一仓』，位于河北邯郸市武安市

古代粮仓遗址

据《史记》记载，商纣王“厚赋税以实鹿台之钱，而盈钜桥之粟”，说明商朝晚期的国家粮仓就在一个叫钜桥的地方。粮仓一般设在距离都城较近、交通方便的地方。周朝设置了“遗人”的官职，专门管理国家粮食储存。春秋战国时期，国家在各州郡建立粮仓，主要用于田赋粮食的收纳、转运，以及灾荒赈济。

唐朝设负责收纳粮租、供应官僚俸禄的“正仓”。宋朝实行“和籴”，景德三年（1006 年）河北立“常平仓”，元丰五年（1082 年）河北杂便司在瀛（今河间市）、定（今定州市）等州设仓，和籴军粮。明朝在京都和各卫所设军储仓，在天津及通州设左卫仓，在北京设 37 个卫仓。清朝仍沿用常平仓法，乾隆十三年（1748 年）直隶省常平仓粮食储额达 215 万石。

民国时期，河北省所属各常平仓改为义仓。1937 年日军入侵河北，设天津、北平、唐山、沧县、保定、石门等仓库。抗战胜利后，这些仓库被国民党河北省田粮处接收，设聚点仓 13 个、集中仓 37 个、收纳仓 46 个。

建于隋唐时期的回洛仓遗址（一个圈代表一个仓），位于河南省洛阳市

张家口蔚县常平仓（建于清代） 任树昌摄

深州市盈亿义仓 建于1898年

抗日战争时期，晋冀鲁豫和晋察冀边区根据地公粮储存主要由各村分散到户保管，其他巩固区集中储存，以挖窑洞和地下埋藏为主。1942 年开始，在巩固区设立临时粮站，抗战胜利后公粮集中保管，在交通沿线及供应点周边村庄建立较大仓库。

解放战争开始时，国民党向解放区大举进攻，解放区存粮又恢复分散保管方法，在巩固区保留分库或联合式“子母库”，在游击区分散坚壁。1947 年人民解放军转为战略反攻后，粮食保管由分散转为集中，冀中行署在交通便利、收储数量大的中心地区设立县粮库。冀东行署建立“蜂窝式”的联合粮库 121 个，分散粮库 76 个。热河省建立省、专、县三级粮食仓库，仓容 50 万～100 万公斤。平津战役后，解放区利用公房、祠堂、庙宇及民房等建立较大的粮库，冀东行署建大库 9 个、中库 13 个、小库 57 个，冀南行署在交通要道重点县建库，每个粮库存粮 150 万公斤左右。

张家口怀安左伟

五六十年代的土圆仓

河北邯郸马店头粮站粮仓　郭保军摄

中国近代粮食生产水平低下，加上战乱影响，粮食产量很低，且严重短缺，粮食储藏技术及仓房的建设发展迟缓。

新中国成立时，全国粮食仓容量仅有 126 亿公斤。当时的大多数仓房非常简陋，为砖木结构或竹木结构，每栋仓容量只有 3 万～6 万公斤；还有部分仓房是利用改造的祠堂、庙宇储粮，储存条件较差。1949 年 8 月，河北省人民政府发布《关于迅速建立各级粮库的指示》，在铁路、公路及沿河重镇建立仓容量为 250 万～1000 万公斤的区粮库，各区粮库在重点县设 100 万～250 万公斤的分库。1950 年河北省粮食局在 10 个专区 49 处建造砖、石、木结构的“简易仓”和“民俗仓”667 间。1951 年在京广、石德铁路沿线的 6 个专区 25 个城镇建设地槽式通风仓，同时把 9000 间公房改造成地槽式通风仓。1953 年 1 月成立河北省粮食厅，至此时，全省共有粮库 456 个，总仓容量 4.29 亿公斤。1954 年河北省建设了大中型供应库、中转库

和储备库，粮库总数达到943个，仓房仓容量7.8亿公斤。

1955—1960年，我国各地普遍学习并引进了苏联机械化房式仓，即“苏式仓”。苏式仓为砖墙，5米、10米、5米三跨木屋架，3米开间，廒间长54米，檐墙堆粮高2～2.5米，斜堆，廒间仓容量2500吨（当时号称250万公斤大仓）。

1964—1974年，根据战备要求，以“隐蔽、分散、靠山、机动”为方针，我国在一些山区、偏僻地域建设了一批粮仓，同时在一些地区也建设了一些小型的砖木

秦皇岛抚宁卢王庄

结构房式仓和“土圆仓”。在豫、陕、晋、蒙等省份修建了一批地下喇叭仓、窑洞仓，这些粮仓因地制宜，造价较低，且安全稳定，形成了我国储粮仓型的一大特色。1970 年后，为进一步解决储粮需求，河北省推广黑龙江省明水县一把草一把泥建造土圆仓的经验，到 1978 年全省土圆仓容量达 15 亿公斤。后因这种仓型使用寿命短，维修量大，故逐步停建。

1975—1983 年，河北省粮仓的主要仓型仍是房式仓，这种仓型采用砖墙承重，混凝土地面，装粮高 3～3.5 米，为屋盖结构，主要有钢筋混凝土组合屋架、钢筋混凝土门式钢架、预应力钢筋混凝土拱板顶等三种。这一期间，邯郸等地区建造了单仓容量 10 万～15 万公斤的砖圆仓；唐山地区和秦皇岛市的卢龙县建造了与输送机械配套的组合砖圆仓；遵化县创建了仓容量 500 万公斤的葵花仓；保定、石家庄市仿建了 7 组葵花仓，每组最大仓容量 750 万公斤；张家口地区和石家庄市建成了由输送机械配套的大型“围壁组合仓”，张家口地区还建造了仓容量 1.75 亿公斤的拱型仓。这些仓型在河北省建仓史上属首创。

党的十一届三中全会后，河北省粮食生产和仓储建设进入新的发展时期，总结经验、调整布局、优选仓型，以适应粮食库存大量增加的需要。1979 年开始，粮仓建设采取新建与扩建相结合、大修与改造相结合的方式，重点对二十世纪五十年代建造的苏式仓和六十年代建造的小型拱仓及简易仓进行大修与改造，推广大跨度、高存粮面的房式仓。

根据农业和粮食生产的状况，国务院于 1983 年 11 月批准了粮食仓库、棉花仓库、水果仓库的“三库”建设，这是自“苏式仓”之后的一次统筹规划的大规模粮

辛集李庄仓

库建设，其中用于粮库建设的基建投资 16.5 亿元，建设总仓容量 150 亿公斤。仓型仍以房式仓为主，结构多为砖混结构，装粮高度一般为 4.5～5.0 米，仓房跨度以 18 米、20 米为主。1984—1986 年，邯郸、石家庄、沧州等地建成机械通风仓 8 座，仓容量 1500 万公斤；邢台和石家庄建成仓容量 1000 万公斤的楼房仓；保定建成仓容量 200 万公斤的机械化钢板筒仓。这些仓房的改建和新建，大大提高了全省粮仓的现代化水平。到 1988 年，河北全省库站总数 2629 个，仓容量 64.41 亿公斤。其中，房式仓容量占 61.9%；苏式仓容量占 7.9%；拱型仓容量占 18.1%；简易仓容量占 7.7%；砖园仓容量占 2.4%；地下仓容量占 1.4%；钢板筒仓容量占 0.6%。

1992—1997 年，为促进粮食流通，提高仓储作业机械化程度，我国利用世界银行贷款在全国兴建了 18 个机械化骨干粮库，这成为我国粮仓建设史上的一个新起点。河北省粮食局直属机械化粮油储备库是其中之一，占地面积 260 亩，仓容量 5

唐山滦南库

千万公斤，铁路线 1.8 千米，是当时全省仓储设施条件最先进的储备库。1996 年，河北省发生特大水灾，粮食仓房设施损毁较严重，内贸部、省计委安排两批水毁建仓任务 4.34 亿公斤，涉及 101 个库点，这一年成为新中国成立以来，河北省粮仓建设投资最多、任务最重的一年。

1998—2001 年，国家共安排河北省国家储备粮库新建、扩建项目 86 个，建设仓容量 32.95 亿公斤，总投资 16 亿元，主要是提升粮食仓储能力，推广电子测温、环流熏蒸、机械通风等储粮新技术。2001 年，河北省安排 30 个省储库新建或扩建项目，利用贴息贷款 1.35 亿元，建设仓容量 4.5 亿公斤。以上两次建设仓型以房式仓为主。

2009 年后，国家主要安排了 500 亿公斤仓储设施建设项目、仓储设施维修改造和粮库智能化升级改造项目，主要建设储备库、收纳库，以及粮食现代物流体系。河北省通过仓储设施维修改造、粮库智能化升级，改善全省粮食仓储基础设施状况，提升

二十世纪八十年代露天方桩

仓储能力，逐步实现粮库数字化、智能化管理，提升科学储粮水平。这个阶段的建设仓型主要是高大平房仓和浅圆仓，同时应用了储粮新技术。截至 2017 年底，全省粮食仓房完好仓容量 227.5 亿公斤，全省各类粮食企业仓容量已经达到 239 亿公斤。

近年来，随着人民生活水平的不断提高，为满足“科技、绿色、品质、质量”的储粮需求，以高大平房仓、立筒仓为代表，以低温、准低温仓和气调储粮为发展方向的智能化、现代化粮仓已成为现代储粮设施的主体，那些历史上曾经发挥了重要作用的一些老旧粮仓已经被逐渐废弃淘汰。

在坚持粮食安全是“国之大者”的基础上，为加大绿色储粮技术的推广应用，2021 年以来，河北省加大资金投入，新建地方标准仓房容量为 8.5 亿公斤。截至 2023 年底，全省地方标准仓房完好仓容量超 250 亿公斤，实现低温、准低温储粮仓容量 39.5 亿公斤。各种仓型中，平房仓占 79%，立筒仓占 11%，浅圆仓和楼房仓占 7%。目前，河北全省大部分储备粮库普遍实现了网络通、数据通、视频通，远程动态监管系统正在逐步完善，粮仓建设、储粮手段、管理制度日趋现代化、规范化、标准化，正在向智能化、自动化方向发展。

少数民族坛子仓

海南陵水县 水上粮仓 罗明中摄

高堂小院贮大粮

李森祥

一

2002 年开年，我们精心制作的电视剧《天下粮仓》在中央电视台黄金档开播。该剧以粮食灾难为主题，揭开了清乾隆时官场的腐败糜烂，向人们展现了负面历史的残酷与黑暗！

我是该剧的剧本策划、制片人，播出期间接受了许多采访，媒体人和观众纷纷以“惊天地泣鬼神”“官场现形记”“警世钟”来褒奖《天下粮仓》，当然也有讥讽其为“惊悚片”的。于我而言，这些言论都是耳旁风，吹过就算。倒是有人很小心地问：历史上真有这么可怕的饥荒吗？我说：“有，乾隆朝五年（1740 年）时，江南旱情严重到大量的河流都露了底，持续百多天无雨的旱象催生了千里逃灾如蝼蚁的万千难民，难民边逃边倒，饿死者遗之荒野，残尸难计其数。”

我说：“中华民族多灾多难，历史上的大饥荒比比皆是，有天灾引发，更多的则是人祸所致，有很多灾情比剧中所描述的更严重，可怕之惨景，凭一部电视剧根本难以呈现。”

剧播完已临近春节，我和编剧高锋说：“两年多来，我们一直沉浸于缺吃少粮的残酷历史中，现在，咱们都回各自的老家，去过个既有人当面谈论剧情又有吃有喝的年。”

高锋说：“做这个戏是为悲悯众生，如今做成了，不怕人来谈，更不怕被质疑，哪怕被骂，也都愉快着接受，别人越骂，咱们心里头应该越淡定。”然后他又说：“我的老家湖州是城市，因戏带来的那点儿苦情味，会被年里的氛围冲淡。倒是你森祥老兄，家在衢州乡村，白居易‘是岁江南旱，衢州人食人’的诗可是很有名，你得做好被人误读的准备，当然，你还该做点儿什么。”

“做什么呢？”我脱口而问。高锋看着我，不作回答。

我说：“是关照现实吗？我们在历史的深处建了一座为生民立命的‘粮仓’，看到的却是那时的血肉淋漓，是血与火、生与死的政治和灰暗人性的搏杀。拿这个戏来关照现实，好像不好吧？”

高锋说：“为何要用个‘照’字呢，换成‘注’不就行啦？”

“关注现实，”我说：“这才对了，一个关注老百姓随时随地都能吃饱穿暖的作家，得去看看现实的‘粮仓’。”

我们商定，我们要看的现实的粮仓不是国有粮仓，也不是集体和粮商的粮仓，而是老百姓的米袋子、钱袋子。

二

刚下家乡客车，我便碰上了一起当过兵的一个战友，他转业后做了乡信用社的

张家口蔚县常平仓　王连枝摄

信贷员，专做放贷款业务。他说他看过《天下粮仓》，然后便直白地问我："眼下莺歌燕舞，不会再有大饥荒。你还做这种戏，动机是什么？！"我说："饥荒于你而言，离去得并不遥远！你管着国家的钱，该将贷款多贷给农民种田用，让他们多打粮食，这就是我的动机。"

还真被误读了，乡人们也许为了脸上有光的缘故吧，不愿意曾经的疮疤被人看到。可人们误解了。比如白居易，他所扒开的不是疮疤，而是对一再被伤害的天下黎庶们的同情和悲悯，人来到这世界连吃一口饱食的权利都没有，那是怎样的一种悲哀？虽然有了《天下粮仓》里无米可救人的戏剧经历，可我还未曾有因真实饥饿而造成的悲伤记忆。

吃过年夜饭后，我不识字的母亲亲手泡了一杯茶给我醒酒，我则把来年全年赡养母亲的钱双手敬奉在她的手里。拿着一年生活费用的母亲有些激动，说："儿子，又用你的钱了！"我说："妈，儿子赚的钱，你尽管用。"母亲说："钱可不好挣，你给得多了。"我说："是不好挣，不过够你用的，你想用就用。"母亲的眼有些红，感慨地说："早就晓得你是个好儿子。"

我又问我弟弟："家里的粮食够吃？"

话问出后，突然有些后悔，这么直白地问，有怕弟弟会饿着母亲的嫌疑。果然弟弟说："鸡鸭猪肉，粮油蔬菜，都管够。大哥你放心，饿不着妈的！"

我只好说："我知道这几年都好起来了。以前担心惯了，就随口一问。"弟弟说："没关系的，你在外面东奔西走，看到的事多了，所以爱操心，就像你做的戏一样，总是悲天悯人，这我懂！"

"他做戏是他能干。"母亲抢过话去，又说："你哥他小时候饿肚子饿怕了，到十来岁时就总是问，家里还有米吧。出去这些年，年年都要问，家里的米粮，够吃吗？！"

怕弟弟和母亲呛起来，我连忙说："妈，《天下粮仓》你看了？"母亲说："看了，村子里的人都看了。还都说好看是好看，就是太苦，害得他们都想起了以前过过的苦日子。”我说：“做这个戏，就是要让人别轻易忘记从前所过过的苦日子！”

说到苦，大家都沉默了一会，正好央视春晚开始了，很快家里洋溢起了欢乐，可母亲却在节目间隙对我说：“儿子，想告诉你一件事。”我说：“妈你说，我听着。”

母亲说：“妈这一辈子，做过一次贼。”

我惊讶得什么似的，说：“妈你别唬我，你一生正直，从不贪别人的丁点儿便宜，怎会做贼？”母亲说她就做了，不过一世就做过一回！还说做这回贼为的是我，她说她偷了集体的，所偷不过是一大把小麦！

这事发生在青黄不接、粮食严重短缺的四月头上，她告诉我，那时我五岁，长得只有三岁孩子的模样，面如黄蜡。早饭是两碗野菜清汤，我喝完后，就坐在青石门槛上打瞌睡，没一会儿我就彻底睡着了。

不知道是天生没记性还是儿时营养不良造成的记忆力差的缘故，我对儿时的记忆不多，母亲的话才又勾起了一些。是的，我知道我爱坐在门槛上，看外面迷茫的天空和一只低矮的瘦鸭，这只鸭子和我同岁，家里人都叫它老鸭。我说：“那时候连老鸭都要欺负我，它瞄准着要啄我的手背，却总啄在我的脚趾上。”母亲说：“是的，连老鸭也要欺负你。”那天早上她出工去生产队割麦子，亲眼看到老鸭就为了指甲盖那么大一片菜叶子，竟一口就啄到了她儿子的嘴上。母亲说，割着麦子的时候她流眼泪了，因为有人要求队长先每户分上几斤麦子，让早饿坏了的孩子们都能吃上一口香喷喷的麦饼子。可队长却说：“想得美啊，一粒也不能分，这割下的第一茬、第二茬、第三茬麦子都得先交公粮。”听了队长话的母亲在心里盘了盘，三茬粮割好晒干，起码得十天。十天啊，等待儿子吃上一口救命粮的十天是多么得漫长。母亲说，她心里正难过的时候，不知道是哪儿来的天胆，就敢毫不犹豫地将镰刀挥向麦穗，只割麦穗，然后又假装着挠痒痒，将藏在巴掌心里的麦穗，一小把一小把地塞进了裤裆。

博野县农户小粮仓

我母亲有很好的讲故事能力，她绘声绘色地讲述着时，还不忘来一句：“儿子，这事你是不知道的。那日晚上，我将脱出壳的麦子用小石臼捣了，用烫水溜出一海碗面糊糊，怕你发急会烫到，就小心晾凉了，油灯也没点，把迷迷糊糊睡着的你扶起，碗一喂到你嘴边，你就呼噜呼噜着，将一海碗小麦糊糊喝干抹净，连一口都没剩下。”

我关注现实却关注到了自己头上，不过这很好，在这丰衣足食的和平年代，还会有人去惦量一下粮食对于生命的意义吗？好像不多，至少我很少读到关于这个问题的文章。就像我母亲，若不是《天下粮仓》打动了她，这个裤裆里偷粮的苦涩故事，一定会被漫长的岁月给埋没掉。

饥饿，是二十世纪五六十年代出生的孩子几乎都遭遇过的最艰难、最哀伤、最苦出渣来，却是最有必要记住的事。我更应如此，我本身出自于母亲的子宫，而给我续命的，还竟是母亲在裤裆里偷藏来的一把粮食。这样的事发生在我身上，我不觉得羞耻，相反，我会牢记，还会为有这样的母亲而自豪。

三

我没忘记和高锋商定的任务。大年初一一大早，我便在弟弟所盖的新房子里四处找寻。弟弟问我找什么？我说：“谷贮！”

弟弟一下子没听明白，因为我说的是普通话。我改用土话解释说：“装粮用的。”弟弟说：“米缸啊，在院子里装水，当水缸用了。”“什么，当水缸用了？”我很吃惊，就问：“米呢，米用何物来装？”弟弟叹口气，显然认为我是大惊小怪，他说：“米在米袋里。”

我去厨房看到了米袋，居然是买卖用的塑料袋，上面还印着很洋气的品牌名。我说：“这不是超市里买来的米吗？你自己种的米呢？”弟弟告诉我，自己种的，一次性卖给粮商了，家里吃的米，都是在乡村小超市买的。我不用再细查，基本已知当下乡村粮食循环的过程了，那就是农民把粮卖给粮商，粮商经过储存、滚碾、包装、广告、分运等多道程

承德兴隆粮仓存粮

序后，才上架各类小超市，再被种粮的农民买回餐桌。弟弟说：“当下的乡村基本如此。”我说：“让农民亲手种出来的粮食迅速成为商品，这固然符合了商品经济循环的规律，可它就没有一点问题吗？”弟弟说：“有问题，我们失去了所种出粮食的主导权。比如，粮食歉收，粮商加价出售，你买是不买？不买就得饿肚子。虽然政府在粮食的管理上有严格规定，可粮商里头出了奸商怎办？有人说，农民也可以不把粮卖给粮商。是的，可以不卖。可一旦不卖，你连碾米的机会都没有，碾米的机房也在粮商手里控制着呢。”

好吧，权当这只是一个话题。我仍问弟弟：“你新屋里的谷贮一定没有了。”他这才真正明白我所说的“贮”，贮藏的贮！弟弟说：“用不上了，在老房子里躺着。那儿用来养猪，都被猪啃得千疮百孔了。”他还说：“整个村子里的人都不用谷贮了。”

我有些愣，皆因谷贮留给我的记忆太深了。

“谷贮”是贮藏稻谷的，很多地方都叫谷橱、谷柜，好像就衢州人称之为谷贮。在我看来，一个“贮”字道尽了衢州人视粮食的宝贵程度。厚木板做成的谷贮分单眼、双眼、三眼，甚至四眼，眼越多装粮就越贪，五百斤一眼的话，四眼便是一吨。衢州的乡人们将谷贮垫高，置于一户人家堂屋靠着正墙的中心，叫高堂，然后才是八仙桌，户主背靠着谷贮而坐于八仙堂桌的上横头，有人来了，上横头坐着的户主便招呼人入座，神情和气派基本都来自于他背靠着的谷贮。谷贮眼多，粮全装满，底气便全在脸上荡漾着。

据我所知，衢州乡下每家每户都有谷贮，且都安置在高堂，当然还有贮粮更多的，高堂放置不下，才会安放在偏屋或楼上。关于谷贮，我从小就听过它的故事，即姑娘嫁人，会由其母亲在媒人的陪同下去察看。到了男方家后，姑娘的母亲会趁人不备，勾手指去敲一敲高堂上的谷贮——若声音空洞，那就很有些不妙；若声音沉闷敦实，那这家人的新媳妇差不多就有着落了。

我还记得，隔壁村有人来我家借粮，这人和我父亲很要好，可他开口借之前，先假装着去倒碗水喝，然后竟悄悄以膝盖碰了下谷贮，知道了贮里有粮才开口，可我父亲却坚决不借。过了几天，有另一个人也来借粮，他是我父亲一般般的朋友，父亲却借给了他。当时我不明白，为什么不等同对待？父亲说："做人可不能太鬼，不信人还敢开口借粮？"

农村实行联产承包责任制之后没多少年，农民们的确是丰衣足食了，可远远没有到达富裕的程度，为什么这么快就把传承了很多年的谷贮给废了呢？中国乡村还远远没能脱离靠天吃饭的窘境，防灾救灾的能力不是想象的那么强大，要是遇上一场巨大的粮灾，广袤的乡村都等待着国家来救吗？

我弟弟见我神神叨叨的，便安慰我说："想不到你会有这么强烈的忧患意识。这样吧，今年我多种水稻，把家里那口三眼谷贮也修好，安置到新屋，全贮上当年新收的谷子，哥，你看行吗？"

我这才高兴了："怎会不行？太行了！"

四

弟弟还真修好了被猪咬坏了的谷贮，还贮上了一千多斤黄灿灿的稻谷。我弟弟的执行力这么强大，可把我高兴坏了，一见到高锋就告诉他："要遇上灾害没粮吃，你就带上你的家人去我的家乡，我老家屋里储着粮呢。"

高锋喜得眉开眼笑，说："有保障了。"

他沉默了好一会，才用向往的语气告诉我："说你是个有根的人！"他又说："如今的城里人，早就丢失了故乡。他们，包括我自己，已无根。"

是的，我有父母留给我的老宅，以及他们告诉我的爷爷辈的故事，还有弟弟正在奋斗和努力着的生活和梦想。总之，生命有根就有来处，有念想，就有探寻它的兴趣；有传承，就有看得见摸得着的未来。

"粮仓"引起了一个寻根的好话题，这是一个写作者的根之滋养，更是愿意创新的源之动力。于是，我不管弟弟愿不愿意，先给他打去一千块钱，然后电话里告诉他："你挖个沼气池吧，点上一把发家的好火。我知道你养了几头猪，有猪栏肥就可供应一个沼气池。"弟弟认为这个可行，二十多天后便告诉我沼气池搞成了，还买了气灶，往后炒菜煮饭、炖老鸭煮牛筋全用沼气。

一年后，弟弟主动来电话告诉我，烧了一年的沼气，省下了一千多块的煤气钱。他高兴着又说："不过，谷贮里的稻谷已两年多，已是陈化粮，只能用来喂猪了。"我说："正好，粮喂猪，猪产粪肥和沼气，拿粪肥种粮，又可以把空了的谷贮继续贮满。"

多么好的循环关系啊，而且这种循环还可以继续添链子。便问他："对了，挖一口百来平米的池塘要多少钱？"

弟弟说："村里头都在填池塘，你却要挖，想干吗？"我嘿嘿干笑着反问他："你知道我想干嘛。"

"洗黄尘照眼沧浪，古道依依，暮色苍苍。远寺松篁，谁家桃李？旧日柴桑。红袖倚低低院墙，白莲开小小林塘。过客徜徉，题罢新诗，立尽斜阳。"我弟弟在电话中将元人张可久的《莲花道中》背诵给我听，这是一首赞颂我家乡的好词！可弟弟背完就说："大哥，你中张可久的毒了，家乡即使还有小林塘，可白莲却已难得一见，把夯土院墙倚低的红袖们，更是在城里唱卡拉 OK 或打着工呢。听你口气，难不成还想让我搭出瓜棚豆架？”我说：“瓜棚豆架可是各种古诗词中多见的意象，它们代表了田园生活的宁静与美好，不仅是诗人情感的寄托，也是今人感受古代田园生活最美妙的窗口，对吧？”

弟弟说：“不对，豆架瓜棚，蝉噪虫鸣，避暑时坐于其下拉闲话，这种情景乡村里已是难得一见。很多人家门口，唯见水泥抹出的地坪，却没有土夯墙围出的小院。”

我说：“人家是人家，我们是我们，我不是为了乡村好看，而是图你家里有粮。也许有一天，村子受你的影响，家家户户都开始储粮，庭庭院院的，都满满当当地储上‘大粮’！”

弟弟被我逼得没办法，就讲条件，瓜棚豆架他这就搭，猪呢，还可以再多养上两头，鸡鸭也可以再多添一些，至于池塘，暂时不挖，没有池塘里的鱼和白莲，他也敢保证我所说的储粮能储出两三万的收入来。

虽然打了折扣，可听说光院子搞好了一年就能有两三万的收入，可是高兴坏了，

我还给弟弟提了个小要求，他家厨房里的柴灶可别拆掉，煨猪食时烧些茅草，便有草木灰，我知道青豆苗最爱草木灰，有露水的早晨，把草木灰播洒到青豆苗毛绒绒的叶片上，光照充足后，生长出来的青豆便滚壮饱满，烧煮时鲜活易酥，吃起来又糯又香。

五

我心里头从不把单一的粮食分为大粮和小粮，弟弟也是。于我而言，能填饱肚子、让生命延续下去的都是好粮！所以我说的“大粮”，就是果蔬、肉类，以及米麦、野菜等一切人皆可以吃的食物。不过我知道，人体很需要动物蛋白，有肉吃的人，饭量就小很多。我有一个朋友的肚子甚至能分出双季稻和单季稻，双季稻饭他要吃三碗，单季稻饭一碗半就能饱，原因就是单季稻的生长时间长，米里头碳水化合物的含量高。这些似乎是题外话，庭院储粮的关键是生态循环。而这种循环的关键是猪，我一直认为，猪对生生不息的汉民族的贡献巨大，它丰富的油脂和动物蛋白一直滋润加固着我们的骨骼和肌肉！

猪是贱养动物，可放养、圈养，而且杂食。农村孩子都打过猪草，我小时候打猪草的时间超过十年。猪可持续的贡献是猪栏肥料，稻草、麦秸秆甚至油菜籽秆都可以投入猪栏，被猪一再践踏甚至淋上猪尿的各类秸秆逐渐腐烂，即便不投入沼气池也可随时给各类庄稼提供好肥料。我弟弟以猪栏肥为主料，拌上鸡鸭粪、油菜籽饼，种植出的玉米，因甜香而引来小野兽，让他几乎像是经历了一场战争。他扎稻草人、纸人、拉网，网上吊上以可乐罐为主的各类铁皮响器，把块玉米地保护成军事重地似的，仍挡不住小野兽们发起的一波接一波的猎食行动。弟弟便带上扩音喇叭、响锣和小炮仗，又在玉米地接近山的要道上燃一堆篝火，发现丁点异常便乒乒乓乓地制造起动静。弟弟说，玉米甩须抱籽的那些夜晚，他比疯子还疯，正常人一见他，立即会避而远之。

弟弟把专家们所称的“庭院经济”搞得有声有色，有划出片区的小笋园、小果园，竹笋、丝瓜、胡柚，这许多果蔬一家人根本吃不完；鸡和番鸭每星期都要宰上一只，过年时则是十几只。我年年回家陪母亲过年，临走时都要带上弟弟送我的鸡鸭四五只，有几年还要带上一只三四十斤重的猪腿。

在我弟弟潜移默化的影响下，村子里人开始学他，搞循环式庭院经济，把铺上的整大片水泥地又打掉，搭上瓜果架，种上瓜果了。猪原本每家都养上一两头的，皆因瓜果一多怕浪费，还因需要更多的沼气材料，就必须得多养几头猪，所以村子里的猪也渐渐多起来了。有人家猪栏打得太低，猪想见见世面，跳出栏满村子跑，一会啃瓜一会踩花，还把屎拉在别人家的门口，虽然有臭味，却引起人们的尖叫和笑骂声。这一切在我看来，才是地道的活色生香的村庄生活。

庭院经济好就好在小而精，也可根据各家的情形小而全。关键是家门口，一切都明摆着，可随手就搞，可用上琐碎的时间。当然，它还很快捷。母亲告诉过我，1961 年年初还遍地都是饥荒，可上头一搞“三自一包”，农民到手一小块自留地，我爷爷竟用二十二天时间，就在自留地里快速种大了一畦菜杆银白、叶子碧绿的水白菜，然后便是一茬接一茬的黄瓜、地蒲和番薯。到这个份上根本不用谁救，饥荒很快就从我们家退走了。

爷爷种菜的故事我听过很多次，每次听，我都会眼含热泪。我被感动的点是，我爷爷是中国农民的一个缩影，他们真如俗语所言的“螺蛳壳里做道场”，给他一分地，他就能点石成金。我弟弟也很了不起，他们在一个小小的猪栏里，一年曾养过十一头大肉猪。一头养到三百来斤的肉猪，所需精饲料七百来斤，十一头加一道，得有八千来斤的精饲料，而家里所耗费的豆粕、麸皮类精饲料，未超过五千斤。这就是说，其他三千来斤饲料是靠打猪草以及瓜棚豆架上人吃不完的瓜果来填充的。

不过，弟弟听了我称赞他的话后，说：“辛苦算啥，为了猪栏里这一年就有的两三万净收入，还担惊受怕过。”

“担惊受怕？”我说：“怕什么，难道怕政府不让养猪？”弟弟说：“这倒没有。不过，以后会不会，不知道。”

他说他怕的是猪生病。就前几年，猪流行传染病，发现有一头猪病了，其他猪就不能存栏，都得处理后再深埋。那时，一旦听说隔壁村的猪瘟暴发了，为了本村的猪不被病毒传染，村里有猪的人家就组织起来，实行封村。三五人一组，在各路口把守着，绝不让外村人踏入本村一步。他说着说着就沉重起来，认为把路封村真不是人干的事。有村里嫁出去的姑娘抱着孩子回娘家，就是不让进村。如此一来二去的，可把人情给搞淡了。

我说：“家家户户要储大粮，猪是最要紧的。年轻人没经过大灾，不知粮之重。”弟弟说：“哥，你又扯粮了。”我说：“不扯粮扯什么？如今这村子里，每家都在庭院里储上了活的大粮，这多好啊。真要遇上大灾，这些活的大粮就能扛过去！”

弟弟不耐烦了，他一副嫌我话多的神态。

想想也是，《天下粮仓》播出都过去二十二年了，可我还为一个“粮”字在神神叨叨。弟弟说：“何止是神神叨叨，你经常魂不守舍了。每当衢州遇上暴雨，你就会在微信里问：地里的庄稼被淹了吗？粮食够吃吗？这些年会有山洪，有小灾小难，可我们家的庄稼，几乎没被淹过。粮食嘛，谷贮里的那一千多斤稻谷，又变陈粮了。”

我说：“陈粮不怕，拿去喂猪。不过，千万别忘记，谷贮里要贮上新谷。”

郡县之声

背景提示

自乡村振兴战略实施以来，全国各地基层规划多多、措施频频，浙江的“千万工程”的经验，成为多地活学活用的范本，各地根据自身情况，又是如何结合实际，做出了怎样的规划和努力的呢？

一个区域内的情况往往具有共性。譬如河北的乡村，基本同属华北平原，风俗习性也大致相同。但是具体到不同的县乡，面貌又不尽相同，正所谓“十里不同俗”。同样，不同地方的县域建设，以及经济、民生、农业、文化等方面亦是各有不同。

那么，就倾听为政一方的领导干部们说一说，他们是如何思考、如何规划、如何实施乡村振兴战略的，又取得了哪些经验和成果。

用好用活“千万工程”经验

奋力谱写乡村振兴时代篇章

王俊红

王俊红（右二）到南牛镇、曲阳桥镇等地，察看农业产业结构调整工作

习近平总书记在正定工作期间高度重视“三农”工作，给我们留下了宝贵的思想财富、精神财富和实践成果。近年来，正定县坚定不移发展“半城郊型”经济，用好用活“千万工程”经验，按照“沿着光辉足迹，建设现代化正定，争当全省县域高质量发展排头兵”的发展思路，大力实施乡村振兴战略，推进重点领域攻坚突破，深入推进中国式现代化正定“三农”新场景。

一、聚焦“半城郊型”经济发展之路，不断探索农业产业化广阔前景

习近平总书记在正定工作期间，聚焦城郊型经济和农村经济的结合点，为正定量身定制了“半城郊型”县域经济发展路子，让正定人民最先看到现代化发展方向、享受到高质量发展成果，至今仍对正定县域经济的发展起着至关重要的指导作用。正定县坚持发展“半城郊型”经济，充分挖掘毗邻省会的各种优势，依托城市、服务城市，以城带乡，利城富乡，把经济发展与省会城市牢牢“绑定”，进一步加速农业产业化进程。**一是产业发展势头强劲**。以创建河北省农业产业化创新先行县为契机，正定县农业产业化进程突飞猛进，中央厨房产业集群年产值突破 30 亿元，较 2022 年实现翻番；建成农业产业龙头企业 38 个，其中国家级重点龙头企业 1 家、省级重点龙头企业 8 家。正定县获得了省农业产业化创建成效突出县荣誉。**二是产业结构调整优化**。正定县河北大道和新城大道两侧环境优美、空间宽阔、交通便利，我们把观光大道打造成致富大道、经济大道，大力发展现代都市农业、特色高效农业、设施农业和休闲农业，实施农业产业项目 37 个，其中塔元盛世、恒益源食用菌两个项目被列为全省农业产业化重点项目。**三是休闲农业亮点纷呈**。正定县深挖滹沱河沿岸资源，将农业旅游、现代旅游、城乡旅游深度融合，发展精品农业旅游路线 2 条，打造省会生态屏障和都市现代农业示范区，建成全国五星休闲企业 1 个，省级五星级休闲企业 3 个。

二、聚焦现代化农村建设，持续发力打造宜居宜业和美图景

习近平总书记在正定工作期间，曾组织开展“精神文明礼貌月”活动，带头打扫卫生，整治公路晒粮陋习，改造“连茅圈”，使城乡环境发生巨大变化。正定县坚持把提升农民生活质量作为推进乡村全面振兴的重要内容，实施人居环境整治提质升级，推动基层治理“三治”融合发展，和美乡村建设迈上了“新台阶”。**一是建强基层党组织战斗堡垒**。村“两委”班子 978 件公开履职承诺事项有力推进，制

定《村党组织“争先创A”行动验收具体标准》，全县评选5A标准村62个，占比为40%，形成良好示范带动作用。编印乡村振兴《金点子》，把基层和群众的智慧集印成册，在全县交流推广，把群众的“金点子”变成了“金钥匙”，破解了一批制约高质量发展的突出问题和群众关切的现实问题。**二是夯实和美乡村建设。**全县累计建成87个省级和美乡村，2023年创建美丽庭院3429户，新改扩建农村公路151条、141公里，正定县被评为“四好农村路”全国示范县。同时，大力推进滹沱河和美乡村示范区建设，农村生活污水治理和生活垃圾处理无害化覆盖率达到100%，农村生产、生活、生态条件得到进一步改善。**三是打造基层治理新格局。**正定县因地制宜实施乡村振兴“解民忧、惠民生”十大工程，坚持试点村先行，形成可复制可推广的经验后，放大试点村示范效应，目前已推进97个村，占比为63%，进一步解决了农民增收难、农村“一老一小”等问题。正定县创新实施“四级四站”解纷工作法，构建依靠群众、依靠基层，就地化解矛盾纠纷的工作格局，大量矛盾纠纷被化解在基层一线，获评全省“枫桥式工作法”。吴兴村乡村治理经验作为第五批典型案例在全国进行推广和宣传；曲阳桥镇、新城铺村分获河北省第一批乡村治理示范乡镇和示范村。

三、聚焦保护与发展，多措并举让传统文化“活”起来

习近平总书记在正定工作期间，十分重视历史文化的挖掘、研究和保护，身体力行推动文物保护抢救工作，修复隆兴寺，保护古寺碑，组织开展文物、古树普查，对文物古建划定保护范围。正定县通过对传统村落、革命老区文化资源的深入挖掘与保护，有针对性地突出打造特色文化名片，各村镇实现了“各美其美，美美与共”。**一是深耕文化添底蕴。**吴兴村的正月十一民间文化艺术节、三月三庙会、孝善“洗脚节”，规模及影响不断扩大，文明之行蔚然成风，村民们用自己的言传身教，让传统文化代代相传；新城铺村大力传承和发扬“国家级非物质文化遗

产——正定高照”，开展民间文化艺术传承节，成立鲜虞文化研究会，聘请专人撰写鲜虞文化发展史及新城铺村志，挖掘鲜虞历史文化。**二是因地制宜谋发展**。岸下村是正定县革命老区之一，该村以抗日纪念碑为中心建设文化广场，打造“红色旅游村”，投资 300 多万元建造村史馆、党史馆，形成了红色教育主题展示区；围绕传统村落，各类农业园区不断提档升级，樱花小镇、酒香小镇、大鸣荷韵、西里寨沙洲湾等各具特色的农业园区、小镇项目建设成效显著，传统村落依托特色美丽乡村游开创出一条增收致富之路。**三是保护生态增效益**。经过对南水北调周汉河流域生态环境的精准施策治理，周家庄村地下水位逐渐回升，曾为贡米的“曲阳桥水稻”时隔 20 年复种成功，2023 年大米产出 16 万斤、收入 140 万元左右；利用 500 亩水稻田开发出“稻蟹共生”新模式，再现了昔日“十里溪流远世居，绿波滴滴照红渠，村翁刈稻归来晚，荻苇烟中看打鱼”的鱼米之乡盛景。

绘好“四张图” 扮靓“乡村美”

王立峰

王立峰（右二）调研乡村特色产业发展、壮大集体经济情况

习近平总书记指出，农村现代化是建设农业强国的内在要求和必要条件，建设宜居宜业和美乡村是农业强国的应有之义。近期，故城县深入学习运用“千万工程”经验，以创建全国乡村振兴示范县、承办河北省和美乡村建设现场会为契机，按照“全域共建、示范引领、创新驱动、德法并治，产村人文景深度融合”的思路，深入开展全域和美乡村建设行动，推动乡村呈现诗意栖居的田园之美，使农民过上文明富足的幸福生活。目前，全县共建成省级和美乡村 72 个，省级和美乡村示

范村 7 个，茂丰片区入选省级乡村振兴示范区，吴梧茂村获评“全国乡村旅游重点村”，董学村入选“全国乡村治理示范村”。

一、挖掘文化底蕴，绘好“设计图”

把挖掘文化底蕴、讲好村庄故事作为塑造乡韵气质、防止“千村一面”的一剂良方，推进乡村各美其美、美美与共。一方面，保护传承利用大运河文化，深入实施“六个一百”工程。发挥运河古县文脉绵长、多元文化兼收并蓄等优势，组织专家学者深入研究历史文献、遗迹遗存和乡风民俗，梳理发掘了以“董仲舒”为代表的一百位运河名人、以“霍庄村”为代表的一百个运河村庄、以“4 · 29 胜利突围”为代表的一百个运河故事、以《三望》为代表的一百首运河诗词、以“龙凤贡面”为代表的一百道运河美食、以“四面佛”为代表的一百件运河文物，充实故城县文化资源库。另一方面，推进文化元素与村庄设计建设有机融合，科学编制“1+N”规划体系。“1”，即村庄建设总体规划；“N”，即村庄布局、风貌提升等专项规划。坚持“政府统一指导、乡镇组织实施、基层创新创造”，各村广泛发动干部群众智慧，分别绘制了特色鲜明、赏心称心，又易于操作、便于实施的设计图，为实现乡村形神兼备的全面提升提供了科学指导。

二、突出生态宜居，绘好“实景图”

统筹现代与传统、生态与生活，使农村既具备现代化的生活条件，又保留住传统的农趣农味，成为人们心向往之的“梦里故园”。一是开展乡村风貌提升行动。清理残垣断壁 216 处，在原址上用废弃砖石铺设甬路，用树枝、秸秆编织栅栏，用粮斗、磨盘等老物件点缀装扮，打造小游园、小果园、小菜园 189 个。推进村庄林地化、河渠林带化、方田林网化、通道林廊化，种植紫花泡桐、紫叶李、海棠、月季等苗木、花卉 3.3 万株，村庄绿化率达到 32%。按照“三有两净一美”标准，打造美丽庭院 6.7 万户、精品美丽庭院 2.3 万户。二是开展村庄清洁行动。由县城投集团市场化运营，建立“村收集、乡转运、县处理”的农村生活垃圾处理体系，以及“厕污并治、黑灰兼治、分散收集、集中处理、综合利用”的厕污资源化处理模式，垃圾污水集中收集率、无害化处理率实现“两个100%”。推行“教育引导、协管协查、联合惩戒”三项机制，清理违规“小广告”7万平米，清除乱涂乱画8000多处，彻底解决了“牛皮癣”问题。三是开展文化塑魂行动。坚持以文促旅、以旅彰文，打造文化广场、村史馆、乡村记忆馆、红色纪念馆等文化场所746处，以董子文化园传承儒学文化，以红星广场讲述革命故事，以铸造文化园回忆创业历程，吸引了北京等城市群体休闲旅游。

三、坚持以人为本，绘好“连心图”

树牢共建共治共享的理念，把依靠群众和为了群众结合起来，支书带支部，支部带干部，干部带群众，让群众成为建设者、管理者和受益者，推进农村长治久美。一是做实基层网格。探索政策补贴集中投放，护林员、保洁员、综治员等“多员合一”，推进网格员职业化、实效化。将包乡县级领导、包村干部、驻村工作队纳入网格员队伍，制定网格管理责任清单制度，做到有任务、有目标、有监督、有考核、有奖惩，打通了网格管理的“最后一米”。二是健全村规民约。发挥村民代表会、红白理事会等自治组织作用，健全“卫生管理办法”“绿化公约”“红白喜事章程”等7类村规民约，引导群众自觉落实“门前三包”（包卫生、包绿化、包秩序）、“房后三管”（管垃圾乱倒、管柴草乱堆、管污水乱排），形成了倡净爱美的新风尚。三是探索积分管理。打造道德积分管理制度试点村5个，将群众参与村庄建设管理情况纳入积分管理，并与道德标兵、美德家庭等评选结合起来，每月张榜排名，季度颁发流动红旗，年底结合村集体收入情况统筹发放锦旗、奖状等精神奖励和特色农产品、生活用品等物质奖励，充分激发了群众的干事热情。四是就农村人居环境整治和公共服务提升筹集捐赠物资价值615万元，开展志愿服务140多次。

四、壮大集体经济，绘好“兴业图”

鼓励村集体多措并举创业增收，自力更生建设管理，实现了从输血式治理到造血式治理的转变。2023 年，全县 538 个村集体收入全部超过 10 万元，18 个村超过 100 万元。一是创新经营模式。创新“党支部+合作社+农户+保险+银行”的农业“五位一体”适度规模经营模式。全县 538 个村党支部分别领办集体合作社，把农户组织起来，整合土地经营权，发展粮食作物规模经营；通过机械化作业、批量采购农资、应用先进技术、发展农产品加工等方式，降低生产成本，提高经营效益。同时，强化集体信誉贷、“惠农 e 贷”等信贷支持，落实自然灾害险、价格指数险“双保险”兜底，实现了粮食增产、集体增收、群众增富等多重效益。全县推行“五位一体”模式的村达到 507 个，经营面积达到 28 万亩，带动村集体增收 2000 万元。二是开展村企合作。依托总投资 225 亿元的正大肉鸡、以岭中医药、康宏奶牛等五大现代农业产业链，引导村集体通过资金入股、订单种养、劳务派遣等方式协同发展，年增收 200 多万元。三是发展特色种养。做好“土特产”文章，形成了丹参小镇、金蝉小镇、奶牛小镇等一批特色产业。探索“认种一块地”“网上农场”等新型经营模式，使亩均收益达到 8000 元左右。建立以集体投入、市场投资为主，财政资金适度投入、涉农资金有效整合、人民群众自愿筹资相结合的资金筹集机制，以及清单式管理、常态化公开、全过程监督的资金管理机制，为推进农村人居环境整治可持续发展提供了有力的资金保障。

跑出产业“加速度”

打造农业农村现代化的先行区

赵东钊

赵东钊（左）正在检查小麦生长情况

安平县把推进乡村振兴作为“三农”工作的总抓手，学习“千万工程”先进经验，按照“全域整治、全民共富、全面振兴”思路，蹚出了一条新时代乡村振兴的新路径，先后被评为全国生猪调出大县、国家瘦肉型猪标准化示范县、全国畜禽粪污资源化利用试点县、全国畜牧业绿色发展示范县、全国农村创业创新典型县、全国农民合作社质量提升整县推进试点县。

一、高点谋划、高位推动，县乡村一体推进

安平县坚持系统思维，点线面结合，抓好乡村振兴谋篇布局，实现了规划一张图、建设一盘棋。一是规化引领抓统筹。制定了《关于学习运用“千万工程”经验扎实推进宜居宜业和美乡村建设行动方案》等指导性文件，以县域为整体，按照“大规划、小切口”的工作思路，因地制宜、突出个性，实行“一村一规划、一村一主题”，不搞千村一面，既融入整体大环境，又体现特色“小气候”。二是点线结合抓推进。坚持规划项目化、项目资金化，点线结合、梯次创建，以台城、杨屯等省级美丽乡村为点，以乡村振兴大道、星火台城“和美乡村”示范带为线，串联起 S231 沿线村庄和乡村振兴大道沿线 14 个村庄，连线成片，建成和美乡村示范区，西两洼乡成功创建国家农业强镇。三是聚集要素抓推进。以入列全省涉农资金统筹整合示范县为契机，积极拓展资金渠道，有效引导金融资本、社会资本投入乡村建设，握指成拳集中投入，2023 年整合各类资金 2.18 亿元，同时，严格落实各项惠农政策，新增土地指标用于乡村振兴 336 亩，为乡村振兴注入“源头活水”。

二、做优产品、做强品牌，群众集体共同致富

安平县坚持用工业理念抓好农业，在农田、品牌、企业、村集体等方面发力，实现村民收入增长、村集体经济壮大、农业现代化“三赢”局面。一是经营好“三个田”。“三个田”即“万亩方、吨粮田、万元田”。安平县针对城镇化率 61.2%、农村适龄劳动力日益减少的现实情况，坚持县域农业种植结构调整一张图，依托国有平台乡村振兴集团，推动土地适度规模化流转，建成万亩方 6 万亩、吨粮田 23 万亩、万元田 2.4 万亩，不仅减少地垄等 20%的土地浪费，也充分发挥了大型农业机械作用，与农民构建起利益联结机制。二是打好“两张牌”。“两张牌”即白山药、生猪两个品牌。做大白山药品牌。依托白山药国家地理标志证明，大力发展白山药种植，形成了以白山药为龙头，中药材、生姜等为辅助的特色农业种植结构体系。目前，白山药、中药材、生姜种植面积分别达到 2.3 万亩、1.4 万亩、2000 亩，亩均纯收入分别达到 2 万元、1.5 万、1.2 万元。做优生猪品牌。安平县是全国生猪调出大县，共培育国家级龙头企业 1 家、国家生猪核心育种场 2 家，已备案生猪规模养殖场 74 家，出栏规模万头以上标准化养猪场 26 家，初步形成了以培育、养殖、屠宰、加工、销售、冷链物流为一体的生猪全产业链条。三

是做强“三个主体”。“三个主体”即企业、农民、村集体。安平县以国有企业乡村振兴集团为平台，创新推进“政府+国有企业+村集体股份经济合作社+经营主体+科研+银行+保险”七位一体经营模式，不断健全完善联农带农机制，全县农业社会化服务组织达到 89 家，引导成立合作社联合社 4 家，规模以上农产品加工业营业收入 17.88 亿元，销售收入超 500 万元的农业龙头企业 22 家。全县 230 个行政村集体经济收入超 20 万元的行政村 63 个、占比 27.3%，超 10 万元的行政村 224 个、占比为 97.4%。

三、创新机制、延长链条，一二三产融合发展

坚持三产融合发展，延长产业链、建成产业群，打好五套组合拳，把农产品增值收益留在农村、留给农民。一是打好现代园区组合拳。把建设农业产业园作为农业产业化的重要抓手，从 2020 年开始创建国家现代农业产业园，历经三年建设，投资 20.8 亿元的 23 个农业项目均已建成投用，顺利通过农业农村部验收，当前园区总产值超过 85.5 亿元，园内农民人均可支配收入 3.2 万元，高于全县平均水平 38%。同时，扎实推进国家农业现代化示范区、国家农村产业融合发展示范园两个“国字号”园区创建，促进三产融合发展、带动群众增收致富。二是打好食品深加工组合拳。抢抓沧衡高品质果蔬示范区创建契机，抢跑新赛道，错位发展食品深加工产业，规划建设了投资近百亿元、占地面积 5868 亩的食品深加工产业园，预计可实现年产值 200 亿元以上，拉动就业 5000 余人。承办了衡水市首届农产品加工业暨预制菜产业发展大会，引进了投资 26.6 亿元的 5 个项目，目前项目动力强劲，富农效果明显。三是打好绿色循环种养组合拳。整合全县规模养殖、种植资源，形成了“畜—沼—肥—粮—饲”绿色种养全循环模式。自 2021 年开始，在全县 8 个乡镇，每年建立示范区 10 万亩，累计覆盖全县耕地面积的 45%，全县畜禽粪污资源化利用率达到 92.23%，秸秆综合利用率达到 99.16%，绿色成为安平现代农业最靓丽的底色。四是打好质量安全组合拳。以创建国家农产品质量安全县为契机，推进农产品检测中心建设，推行食用农产

品承诺达标合格证制度，农产品质量安全监督年抽检 400 余批次，合格率 99.5%以上；成功培育中国驰名商标、河北省著名商标、北京老字号商标各 1 件，打造了省级领军企业品牌 1 家、市级领军企业品牌 2 家。五是打好农文旅组合拳。发挥革命老区红色资源优势，深入挖掘红色文化、丝网文化、孝德文化、孙犁文化，探索推行“红色+乡村”“红色+文创”“红色+民俗”等发展模式，大力发展精品民宿、休闲采摘、红色研学等新业态，“冀中情、网都行，欢迎来安平”成为独具特色的形象品牌，连续成功举办八届油菜花鉴赏月，2023 年游客达到 36.5 万人，旅游收入 950 万元。

四、内外兼修、共享共治，农业农村全面提升

学习用好“千万工程”经验，重点做好三个提升，有力地推动基础设施向农村延伸、公共服务向农村覆盖、现代文明向农村辐射。一是提升农业基础设施建设水平。坚持构建主河道、支斗毛渠、高标准农田等基础设施一张图，共建成高标准农田 44.3 万亩；先后实施了河湖水系连通和农田水利建设大会战，地表水灌溉达到 14.1 万亩，实现地表水灌溉历史性跨越。大力推广农机化新技术新机具，目前全县有农机专业合作社 89 家、省级社 1 家，农作物耕种收综合机械化率达到 95%。二是提升农村基础设施建设水平。聚焦建设北方最干净整洁的乡村，将安平农村分为 ABC 三档，分类分档推进和美乡村建设，提升乡村建设水平。全域开展农村人居环境整治，从花钱少见效快的农村垃圾集中处理、村庄环境清洁入手，到村道硬化、绿化亮化，再到公共服务设施的完善，先易后难，层层递进，共建成县级以上和美乡村 14 个、美丽庭院 4700 个，修建改建农村公路 336 公里，乡镇卫生院和村卫生室全部实现标准化建设。三是提升农村文明水平。大力弘扬社会主义核心价值观，开展天价彩礼、厚葬薄养、大操大办、封建迷信等陈规陋习问题治理，转变群众思想观念。充分尊重群众意愿，建立健全村级民主协商议事平台，引导群众主动参与乡村振兴重点工作，推广“积分制”等管理方式，达到投工投劳、出资出智共建美好家园的目的。

在地文化

背景提示

在地文化，也可以称为地域文化。简而言之，就是一个地区内源远流长、独具特色、传承至今且仍在发挥作用的文化传统，这是一个地区的精神符号，是一种发展的内生动力，也是一地一城资源开发的重要宝库。

这些根植于本乡本土的各种习俗乡风，艺术技法等，共同构成了一个地区的独特文化风貌。现在乡旅、文旅是热词，无论是乡旅还是文旅，在地文化才是核心，以文促旅，以旅彰文，才能符合人们对“诗和远方”的期待。

在地文化，如何从认识的层面到运用的层面，是当下需要进一步重视和思考的问题！

津门文化界共同研讨天津城市文化

冯骥才工作室

2024 年 4 月 24 日，“天津城市文化本质与特征专家研讨会”在天津大学冯骥才文学艺术研究院举行。应院长、著名作家冯骥才先生之邀，天津文化界众多学者、专家、作家等齐聚一堂，畅所欲言，就“天津城市文化的构成与特征”“京津沪城市文化性质比较”“津派文化的优势”“天津城市文化景观与标识”“天津的城市精神与文化形象”等话题展开研讨。

研讨会开始前，天津市委宣传部副部长马波对冯骥才先生为天津文化事业发展和保护传承中华优秀传统文化做出的重要贡献表示感谢。他介绍，龙年春节前夕，

天津城市文化本质与特征专家研讨会现场

习近平总书记来津视察，对天津发展提出了包括“在文化传承发展上善作善成”在内的“四个善作善成”的重要要求。总书记称赞天津是一座有特色和有韵味的城市，强调要以文化人、以文惠民、以文润城、以文兴业，展现城市文化特色和精神气质，是传承发展城市文化、培育滋养城市文明的目的所在。这也是此次由冯骥才先生召集各位专家学者共同研讨天津城市文化本质与特征的立意所在。

研讨会上，十余位津门文化界卓有成就的专家学者，各自从不同的角度切入，阐述了对天津城市文化本质与特征的理解。

天津市文史研究馆馆员、天津市政协文史委原副主任方兆麟通过对天津城市形成与变迁过程的梳理，提出了天津文化从农耕文化到绅商文化再到市民文化的三个发展阶段的划分，分析了天津市民文化产生的历史和社会条件，阐述了近代以来西方文化和本土文化的激烈碰撞对天津市民幽默性格的塑造，指出了天津市民文化在市民阶层审美意识、价值判断和道德观念等方面的表现，并着重辨析了市民文化与俗文化的不同。他认为天津文化并不等同于俗文化，对天津文化的本质特征的认识还需要经过深入的研究，不可简单化、概念化、口号化。

天津社科院图书馆馆长、市作协副主席闫立飞从时间和空间两个维度上探讨了天津城市文化的构成与特征。他认为，从时间维度看，天津城市文化大致由近代文人诗文文化、近代市民和商业文化、现代工人文化三部分构成；从空间维度上看，天津城市文化总体上属于由卫而始、由漕运而兴、因开埠而大、因工业而强的依海傍河新兴北方城市文化。他指出，天津城市性格总体特征明显，中国任何一个城市都没有像天津这么古朴、洋气、大气、精致且具有亲和性。

天津市档案馆编辑研究部副主任周利成对津派文化与海派文化进行了比较。天津与上海两座城市都是中西合璧、华洋杂处，但文化样貌却有鲜明的不同。他认为，开放包容是津派文化的核心，并蕴含着海河文化、运河文化、哏都文化、盐文化等。他还提议天津也应该有一本“津派”刊物，作为研究天津文化的阵地和发表研究成果的平台。

天津师范大学地方文献研究中心主任王振良认为，天津的文化特色可以用“山水相映、雅俗共赏、中西合璧、古今交融”来概括。他指出，人们对天津的认识往往偏重俗文化的一面，而对天津的雅文化认识不足，希望能加大力度挖掘和宣传天津的雅文化。

天津社会科学院历史研究所所长任吉东阐述了他对天津城市文化定位的思考。他从天津的自然风貌与地理特征、空间领域和区位功能、人口阶层、生活方式、时代精神的演变五个层面，将天津文化初步定位为多元包容的河海文化、忠诚担当的畿辅文化、融通和谐的多元文化、乐观豁达的大众文化、引领时代的创新文化。

著名作家、天津市作家协会原副主席肖克凡用京津两地市民在菜市场里对同一蔬菜的不同称谓举例，以作家对语言文化现象的敏感捕捉，对北京市民文化的理性与天津市民文化的感性做出了比较，凸显了天津文化的特点。

《今晚报》原副刊部主任姜维群认为天津文化兴于河、繁于商、容世界，以天后宫为大本营的世俗文化接地气、易传播，以劝业场为代表的商业文化则与民众和民俗紧密相连，而码头广纳四方，也成就了天津人包容世界的文化心态。

南开区文旅局研究馆员、天津民俗专家尚洁从妈祖文化与天津文化的精神血缘关系切入，通过“老娘娘连着年”的谚语探讨了天津民众对妈祖的共情共鸣，认为妈祖文化是天津城市文化不能绕开的一个重要标识。

研讨会的最后，冯骥才先生表示，习近平总书记在天津的重要讲话给天津文化界以巨大鼓舞，掀起了理论界的学术热情。天津的知识分子有责任也有自觉，为城市文化的传承发展贡献自己的知识和力量，于是才有了这样一场在思想和学理上给人以享受的研讨会。在他看来，城市的历史文化是一种活着的遗产，而天津如世界

冯骥才先生总结发言

上所有重要的大城市一样，在民族和国家发展的历史上起过重大作用，其文化丰富、多元、斑斓、独特，不可替代，又错综复杂，但为了城市文化的传承发展，学界需要找出天津文化的本质与特征。冯骥才先生总结了天津文化的四大特征，分别是城市氛围兼容并包、面貌争奇斗艳、文化雅俗共赏和本土特色鲜明，并列出了12个十分重要的城市文化板块。

通过研讨，不同领域的专家提供了对天津文化不同角度的理解和看法，期间不乏观点的碰撞，在研讨中，天津文化的面貌也一点点清晰起来。这为天津本土文化的定位、保护、开发和再利用提供了切实的参考价值，具有深远的意义。

从土地文艺到少年公教

——青岛良友书坊乡野实践探索

杨　倩

青岛良友书坊创办于 2006 年，2012 年开始涉足实体空间营构，始终致力于海派文化的建设与发展，在图书出版、艺术展览、文学沙龙、文创研发、公共教育等多个领域深耕专业与内容。十八年来，围绕本土文化挖掘、梳理与呈现，良友书坊在不同方面做了大量学术研究与公益项目，积累了丰富的智识、人脉与经验。

2017 年，中国共产党十九大报告提出乡村振兴战略。本着积极响应国家号召，助力乡村发展，结合自身情况与专业所长，良友书坊以文化赋能参与探索乡村建设

良友书坊

“大地的风物”调查 · 营楼大集组图

新途径；组织青少年开展公共教育实践、实施土地田野调查、策划“乡野风物志”图书出版、创办线上微信商城，以文学与艺术为两个着力点，从精神粮仓到物质粮仓，良友书坊为青岛西海岸宝山镇、大场镇、平度、城阳等周边地区的乡村振兴工作提供了有效助力。

一、“大地的风物”土地田野调查计划

翻阅相关文献，可见青岛的农业一直尽享地理区位带来的气候之利。今天，青岛的地理与气候已有改变，现代农业带来了丰富的物产，也带来了传统农耕思维的转变。这其中，传统是否等同于落伍，现代化是否全部值得歌颂，面临考验的土地伦理，又该怎样去守护？

2020 年，良友书坊发起“大地的风物”土地田野调查计划，召集植物学专家、农学专家、人文学者、资深媒体人组成田野调查团队，他们从各自研究领域出发，在青岛的乡镇开展田野调查，考察以果蔬作物为主的物种与乡土的关系，探讨自然生态之于当代生活的意义，以及寻找并记录大地宁馨的典范和乡野间不为人知的良物……

四年间，良友书坊团队频繁往来于城市与乡野，与土地和自然的情感联结在一次又一次的方案创意与落地中日渐紧密。以西海岸宝山镇为例，在这个盛产蔬果花卉的小镇，团队对其下辖村庄的地理气候、水土生态，以及农耕文化、人文习俗进行调查研究，成果逐一凝聚成了《步调：黄岛蓝莓生长笔记》《蓝莓漫游小镇指南》《折叠 LAB 消费共享社区文化村提案》图书的出版，以及“蓝宝、蓝美、蓝智”IP 打造与文创传播项目、印迹乡村创意设计大赛成果汇编等。

2024 年初，为满足乡村振兴在不同阶段的不同需要，应相关部门邀请，团队深入青岛西海岸新区大场镇大场村、官庄岭村、汇水湾村、营楼新村进行采访调研，由史及今发掘村庄文化资源，并从艺术、建筑、生活、习俗、风尚等角度，借由文本客观记录并呈现了村级组织调整后新行政村的样貌与建设成果。

二、策划“乡野风物志”图书出版

作为一家城市公共文化机构，良友书坊秉持应有的人文理想与社会责任参与公共事务。开展土地田野调查是我们承担的一种公共文化实践，而策划“乡野风物志”图书出版的初衷是想通过一种相对正式的方式完成对调查成果的整理。

2024 年 3 月，由良友书坊策划、中国海洋大学出版社出版的《步调：黄岛蓝莓生长笔记》一书问世。该书以深入田野、贴近大地与乡村生态的书写，记录中国第一棵蓝莓在黄岛生长的历程，讲述种植企业与农户的喜悦与烦恼，以及各级政府对产业发展的政策性支持及方向指导……这本书从个体视角观照了黄岛蓝莓 20 多年来的发展，其过程曲折如乡间小径，借由一步步前行，踏出了黄岛蓝莓产业的信心和前景。

《步调：黄岛蓝莓生长笔记》

青岛西海岸新区地处被誉为水果种植生命线的纬度，水资源丰富，发展蓝莓产业的生态优势显著。因地制宜发展蓝莓产业，是西海岸新区推动实现地区乡村振兴的重要任务。2020 年 4 月，良友书坊联合西海岸新区乡村振兴研究院、农产品产销协会、宝山镇蓝莓产业协会发起蓝莓产业发展田野调查，历时 4 年完成项目沟通、调查实践、文本撰写与出版成果。

以一抹蓝还复乡野大地，《步调：黄岛蓝莓生长笔记》是国内第一本通过田野调查记录而形成的以蓝莓为主题的图书出版物。

三、开展“文学的种子”青少年公共教育实践

良友书坊组织了少年良友俱乐部，自 2015 年 6 月起，俱乐部持续致力青少年人文理想和美学素养的培育。九年间，少年良友“艺术的故事”美学沙龙、“悦读悦美”阅读推广计划、“我和我们的城市”城市人文美学课程、“文学的种子”自然创作营、“少年评论家”影评创作营等活动渐步成熟并显现出一定的影响力。

在为一批又一批城市少年开启文艺年华的同时，良友书坊面向周边区市乡村学校、青少年家庭策划发起“照亮”乡村阅读推广计划，每年策划组织不同主题的文学沙龙，通过图书赠阅、线上领读、公益支教等方式向乡村青少年传递阅读理念，激发他们的阅读热情，并给予阅读方法指导。良友书坊先后在平度纸坊村、西海岸宝山镇大陆崖村、崂山晓望村等地与千名乡村少年、家长与教师建立联络与沟通。同时，借由主题田野调查、自然创作夏令营等活动引领青少年、感受与书写乡村风物。

2023 年，良友书坊发起“文学的种子”公益阅读沂水支教计划，组织 20 名少年良友以阅读推广的形式到山东沂水县泉庄镇中心小学、石汪峪小学、尹家峪希望小学、张庄小学、崮崖小学等五所学校开展夏令营支教活动。良友书坊打破传统支教模式，为青岛、临沂两地少年创建共同的生活与学习场域，通过开展形式多样的美学沙龙，让两地

少年在更为亲近的接触中互帮互助。羊群、蜜蜂、石林，神话、小说、诗歌，在沂水之滨，远山的风吹动着海边的云，两地少年一起追风、寻古、访谈、阅读。

2023 年，正值胶济铁路接管 100 周年，良友书坊策划推出“胶济百里道—— 少年良友山东铁路田野调查与出版计划”，沿老胶济铁路线路，以潍坊、淄博、济南、青岛四个站点为基点，带少年进入山东铁路现场，开展走访、调查与实证工作。除探查胶济铁路的历史价值外，各站点周边城乡风貌与风土人情变迁也是调查团认真关注的主题。由春入夏，少年们先后身入胶州兰村、高密聂家庄村、潍坊坊子、淄博峰山、济南鹊山等地进行踏访，置身麦田观察新农业耕种、进入现场记录村落变迁、面对面与乡民谈论生计，新时期乡村发展的景象被少年们一一记录在即将出版的《胶济百里道》中。

依托丰富的自然资源，与生态园区联合成立自然创作基地，策划组织青少年游学，是良友书坊助力乡村振兴的又一方式。良友书坊从 2020 年起连续三年组织少年良友进入青岛西海岸沃泉农业生态园区开展“文学的种子”夏令营，借由旷野课堂、手作沙龙、艺术实验创新在地课程，在文学创作中完成对青少年农业知识传授与情感启发。为凸显在地特色，夏令营的每次课程设计会单独辟出一个独立版块，邀约专业导师带领少年走入村庄，通过入户调研、角色模拟、公共论坛，以及与村庄少年共度日常的一天等活动，来完成“儿童乡村实践的社会学认知”这一独立课题。

四、“良友生活馆”“摄食乡野”，线上推出特色农产品

搭建线上商城“良友生活馆”，以文学的眼光重新看待蔬果作物，用艺术的手段创新传播，对“大地的风物”田野调查所及的各种蔬果作物与农产品进行新的解读与叙述，以此完成其从乡野田间到都市生活更好的溯游。突破固有客群，在“良

友生活馆”严选上线的商品经由良友社群传播完成商品买卖。一定意义上，“良友生活馆”在为农户开拓新市场的同时，也为他们创造线上新生计提供了思路。

“薄雾”蓝莓、烟薯元气条、杨家酱是良友生活馆“摄食乡野”部分的人气产品。

除了“摄食乡野”，在良友生活馆上线的还有良友书坊陆续策划推出的游艺乡间项目、自然创作课堂、乡野周边文创，以及重识自然的读本，引领人们从精神上理解与亲近大地、生命与生活。

作为一个文化机构，良友书坊正着手将“乡野风物志”开辟为一个系列，以此助力乡村振兴。

颜林的前世今生

许利平

蒙山脚下，响铃河旁。

在这片山清水秀的地方，有一个古老的村庄，它因一个著名的家族而得名，也因这个家族而著名。

这个村庄就是颜林村，这个家族就是琅琊颜氏家族。

因为颜林是颜氏家族的祖茔地，因此这个村庄也成为琅琊颜氏后裔奉祀之地。

颜林，因颜氏而成村

颜林村，位于费县薛庄镇东北 12 公里处。据《陋巷志》载：“颜盛，字叔台，为汉尚书郎，魏历青徐二州刺史、关内侯，始自鲁国徙居琅琊临沂，代传孝恭，因号其居为孝悌里。葬临沂县西七里，今属费县。”其地原有颜盛（生卒年不详）及子孙茔多座，故得名颜林。唐代后期，颜氏后裔在此建颜真卿（709—785 年）、颜杲卿（692—756 年）墓。宋元祐六年（1091 年）诏沂州费县颜真卿墓载入祀典，明代护林人家增多，遂成村。二十世纪六十年代后期，墓群被破坏，曾出土“泰始八年”“光熙元年”等字样的墓砖。

看守颜氏墓地的人世代繁衍，如今颜林作为一个行政村，有 647 户，2130 人。

从颜氏墓地，到成为一个行政村，颜林村已经走过了一千余年的历程。

颜林，颜氏祖茔

从村南北大街一直往北，就可见到一个由石墙围成的园子，这里就是颜氏墓

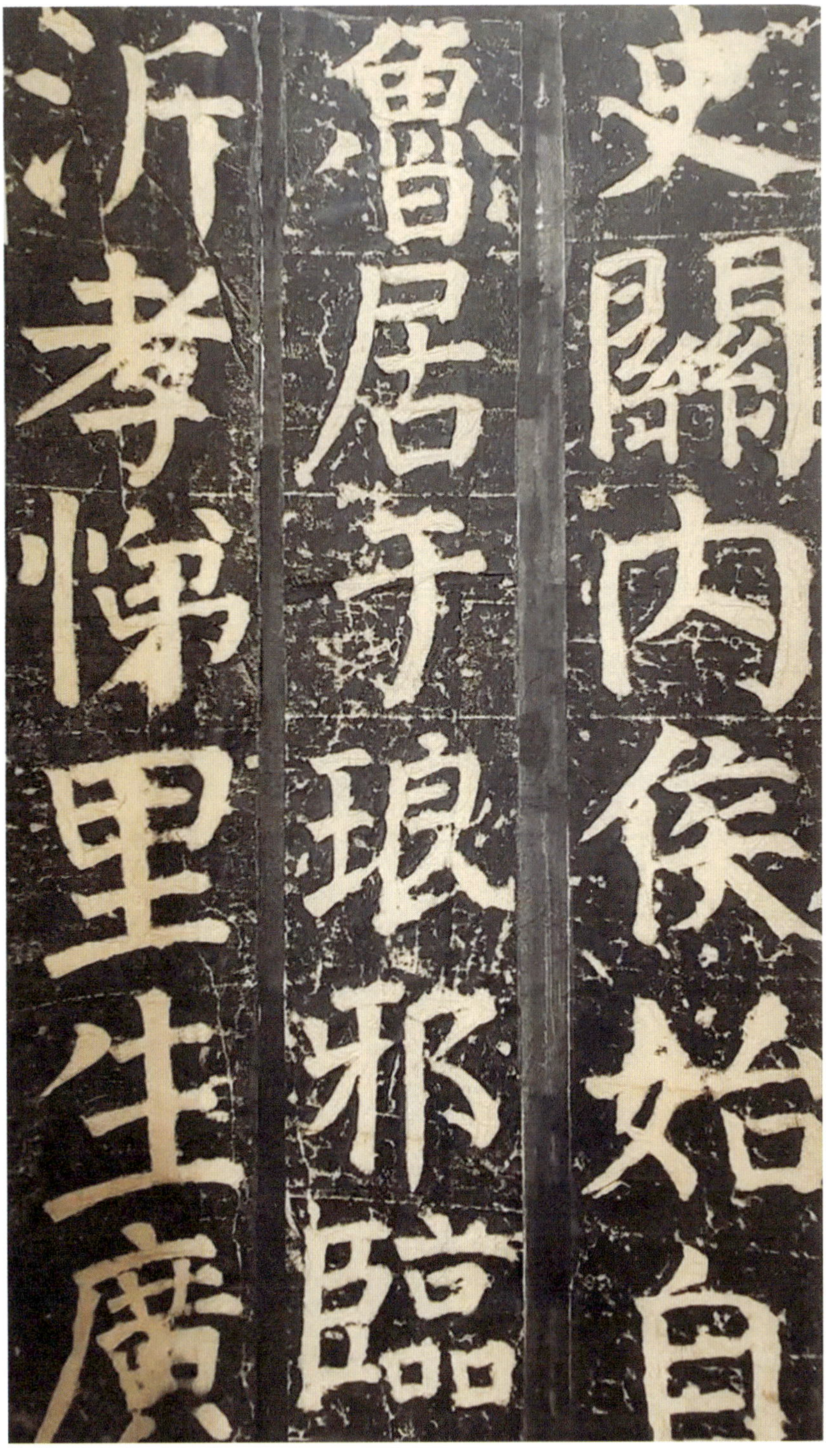

『居于琅琊临沂孝悌里』颜真卿书《颜氏家庙碑》

园——颜林所在地。如今，它已经处于民宅包围之中，因此使颜林村形成了独特的村落格局。村党支部书记刘义兰带领我们进入了这个埋葬颜氏英烈的地方。

墓园占地 300 多平方米，三座巨大圆形石基坟墓呈三角形分布，中间靠后为颜氏二十四世孙、琅琊颜氏始祖颜盛墓，唐代著名书法家、颜氏四十世孙颜真卿、颜杲卿墓分列两旁。

唐德宗贞元元年（785 年）八月，七十七岁的颜真卿在被囚禁数年后于蔡州被叛将李希烈残酷缢杀，壮烈殉国。次年，归葬长安万年县凤栖村颜氏祖茔。颜杲卿于唐至德元年（756 年）六十五岁时在洛阳被安禄山杀害后，也葬于凤栖村。后颜氏后裔在颜林建墓以表达对先祖的崇敬之情。

如今，颜林已被围村中，经常有国内湖南、湖北、上海、南京、山东曲阜等地，国外马来西亚、新加坡等地的颜氏族人来此祭祀。

该村虽无颜姓人家，但全体村民自愿捐资立“万古流芳”碑，以表达对颜氏忠烈的敬仰。

颜林，记忆变迁

颜林村党支部书记高德全说：“墓园至今已有千年历史。新中国成立前，墓区面积还是很大的，园内有古松二十四株，宋、元、明、清、民国时期的碑刻五幢。但是因历史原因，墓区遭到严重破坏，松柏也被砍伐殆尽，石碑也全部被毁。二十世纪八十年代，颜氏族人捐款在政府的主持下又重修了颜林墓园。”

过去墓园的景象还留在老一辈人的心中。

历经风雨劫难的墓园曾被当地人称为“大坟子”。“大”，是颜氏墓留存在他们印象中最鲜明的特征。

今年 74 岁的郑书运谈起小时候的颜林墓园，如数家珍："墓非常大，一个墓比现在的三个墓加起来还要大。巨大的封土堆如同一座小山，当时是全村的最高的地方，站在上面，全村都能看到。过去颜林村放电影，村民就都坐在这座大墓前坡上观看。村里有什么事情，只要来到这里用大喇叭一喊，全村就都知道了。"

让他怀念和惋惜的还有原来这里的三棵大松柏树。

"太可惜了，这几棵大松树需要四五个人张开手臂才能抱过来。"他说："这几棵古树，结的果实有的是豆状的柏子，有的是就像麦穗一样的麦松。其中一棵是'松抱椿'，就是在松树里面又长出了一棵椿树，那棵椿树比碗口还要粗。"

每逢夏天，在这几棵枝繁叶茂的大松树下根本见不到太阳，非常凉爽。村民下地干活累了就到这里休憩，家人也将午饭送到这三棵松树下，这已成为习惯。

而像这样的古松柏在过去并不止这三棵。

学生参观颜真卿纪念馆

郑书运说："他小时候听老人讲，颜林里过去有 24 棵古松柏，这些古树绝大部分在新中国成立前被砍掉了，修铁路时铺了铁轨，而这三棵是幸免于难的。"

但遗憾的是，后来这三棵古松也毁于一旦。

那些曾给村里人带来无限清凉的大松柏消失了，古碑也在不同时期遭到破坏，其中一块碑文记载着颜真卿平定安史之乱的事迹，被磨平了，后立在了高家围子水库旁。现今留给村民的都是无尽的回忆。

颜林，新风尚新气象

在颜林村南的广场上，记者再次瞻仰了巨大的"双忠"石雕像，颜真卿与堂兄颜杲卿那英姿威武、策马挥剑、栩栩如生的形象，让我们感受到他们的精神已经穿越历史，影响着颜氏家族，也影响着鲁公故里的每一个人。

费县颜真卿纪念馆全貌

走进颜林村，身边的一切都别有韵味。脚下的水泥道、按旧貌修缮的“琅琊颜氏文化馆”，行走其间，仿佛时光倒流，其中陈列的老式农耕器具年代感极强。而这片土地，收获时节，车水马龙，现今繁华兴盛的颜林村远近闻名。在浓郁的文化氛围中，村民富了口袋，也富了脑袋。

在村后山前的“真卿书社”小院，歌声、笑声、讲解声弥漫着每个角落，以文化乡土气息迎接四方来客。真卿书社创始人薛馥香女士爱好文学，她被这片深厚的文化沃土和优美的风光所吸引。她精心打造真卿书社，不定期开展散文诗歌会、书画笔会、研学等活动，还提供住宿和地道的家乡菜，为艺术家深入了解颜氏家族文化，在当地进行采风创作提供良好的条件。长期以来受文艺浸润，颜林村的气质有着独特的“文艺范儿”。

农闲时，颜林村异常热闹，经常参加活动的四五十位村民大多在附近城镇工作，闲时便唱唱歌、跳跳舞。舞蹈队队长颜廷荣自豪地说：“赶旱船、扮大头娃娃、踩高跷、耍武术，我们样样都行！”村民郑书才出于对文体活动的热爱，建立了锣鼓队，带领村民开展健身运动。这些丰富多彩的活动为乡村文化发展提供了助力。

曾在村里取景拍摄纪录片《颜真卿》的王彬导演说，颜林村的男女老少都对生活怀有满腔热情，文艺活动搞得有声有色。原先总在村头晒太阳、打麻将的村民开始学表演、打太极、练书法，颜林村这些文艺的“星星之火”就这样将村里的文化生活点燃，同时也带动了当地的文化旅游业的发展。

颜林，新时代文旅融合“样板”

颜林村党支部书记高德全指着村前的1500亩大棚说：“这里面所种的甜瓜、辣椒品种好，十分畅销。我村依托大棚种植，紧紧围绕农业增效、农民增收两大目标，在发展大棚经济上做文章，让群众吃上‘产业饭’，以产业助推乡村振兴，带动群众增收致富。我们看到了‘颜林’品牌所带来的巨大商机，计划注册申请‘颜林’商标。”近几年来，随着颜氏文化传播与弘扬，“颜林”声名鹊起，吸引了来自全国各地的参观者。在旅游业的带动下，村民张立权的电商、陶盆，杜桥的水粉画，等等，都很有市场。

颜林村从线下火到线上，激发了新的文旅消费活力。这样灵活的在地化融合，不仅盘活了特色文化资源，又使传统产业转型升级，造就了新的商业模式和经济增长点，真正体现了文旅融合的张力与价值。

采访即将结束的时候，高德全书记将一份《山东省费县颜林旅游风景名胜区颜氏文化旅游开发计划书》递给我。他说：“我们计划把颜林村发展成为‘产业兴旺有市值，生态宣居有颜值，乡风文明有气质，治理长效有机制，生活富裕有品质’的三产融合特色村。”

颜林村作为费县县委党校的“政德教育基地”，也吸引了全国各地的游客前来打卡参观，感受颜氏精神和农耕文化。

颜林村的新风貌，是沂蒙革命老区新时代发展的缩影。

留住

乡愁

艺术作品欣赏——记忆中的乡村

乡村图画（油画） 高云龙

乡村图画（油画） 高云龙

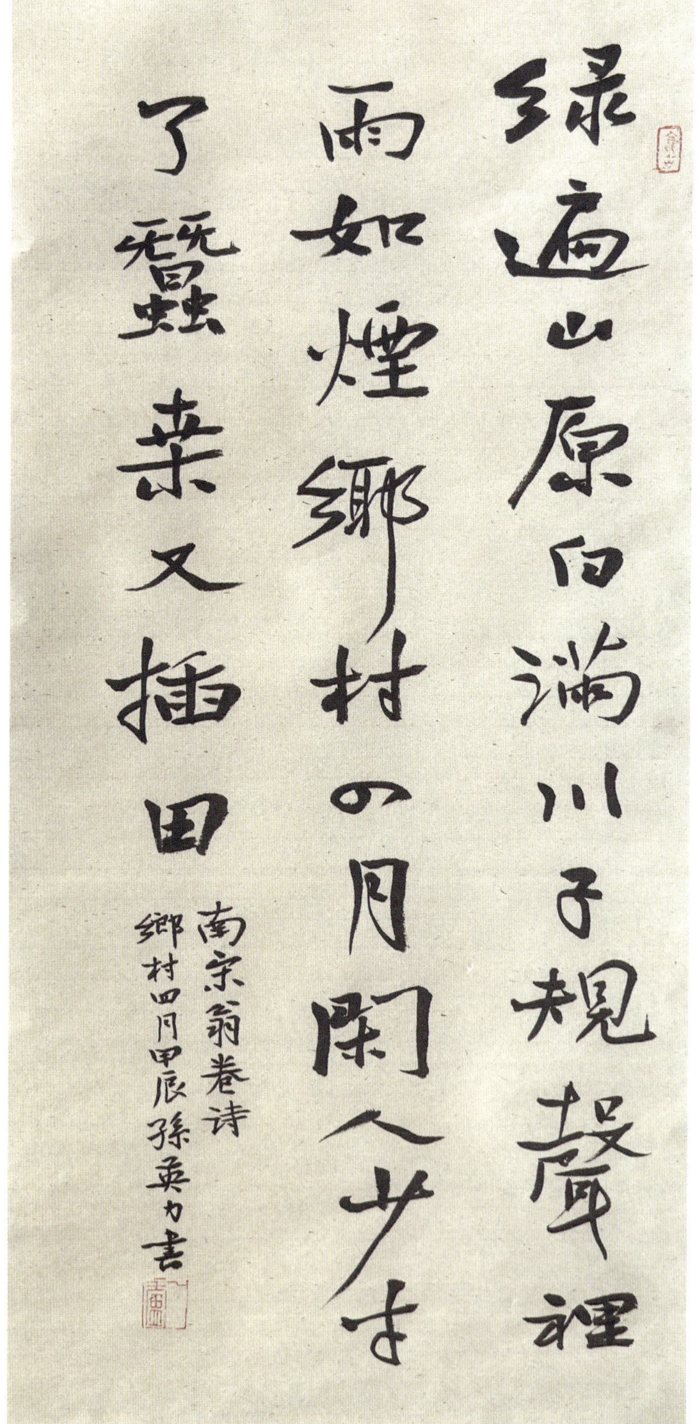

录 南宋 翁卷《乡村四月》 英力

民风
民俗

背景提示

俗话说：“一方水土养一方人。”各个地方因自然条件不同而形成的风气叫作“风”，而因社会环境不同而形成的习惯叫“俗”。

我国是一个多民族的国家，每个民族都有其悠久的历史和多姿多彩的文化，民族文化的流变、演绎与活态的多义性，需要大量的田野调查和反复深入的田野与文献研究。对于悠久的民俗传统的传承与保护，建立在田野基础上的民俗研究是必不可少的。

近年来，有这样一批奔走在田野考察路上的学者，他们的所思所想，或许能给当下的人们认识我国不同地区的民风民俗以别样的视角。

一门从田野到田野的学问
——论“非遗”学本质

冯骥才

我这个题目有点绕口，却不是故意为之，而是由一门新兴的人文科学的本质所决定的。

“非遗”学和民俗学的研究对象都是民间文化，有人便把“非遗”学与民俗学、民间文化学等同起来，但它们不能等同。民俗学从田野出发，但并不必须回到田野；“非遗”学却必须回到田野。“非遗”学是为田野工作的学科。这是“非遗”学的特性，也是它的学术使命。本文正是从这里切入，探讨“非遗”学的学科本质。

一、被田野逼出来的科学

严格地说，“非遗”二字直到二十一世纪初才出现。自 2003 年联合国教科文组织通过了《保护非物质文化遗产公约》，“非遗”二字便横空出世了。“非遗”来自民间文化，但不是民间文化的全部。“非遗”是从民间文化中遴选出来、具有代表性并保持活态和必须传承的部分，是民间文化的活态精华；从本质上说，“非遗”强调的是“遗产性”，而民间文化学和民俗学不强调“遗产性”。进一步从学科上说，民间文化学与“非遗”学更是不同，不论是学术立场、学术使命、学术目的、核心内容还是关注点，“非遗”学都特立独行。

首先“非遗”的概念是时代的产物，是人类进入工业时代，对前一个历史时期（农耕与渔猎时期）非物质的文化创造在认知上的自觉。这个自觉是一种文明的觉醒，是人类的文明观和遗产观向前迈出的重大的一步。

河南的文化普查中发现一个古老的画乡——滑县。入村这天正赶上冷雨浇头，吃了苦头，但还是深一脚浅一脚地进去了

在严酷的现实利益的博弈中，估衣街难以逃脱被毁坏的命运

当然，“非遗”一出现，就遇到了时代的巨大的挑战。那就是时代的更迭给历史文明带来的必然的冲击。汹涌而来的工业文明一定要更替农耕文明，就像季节的更换，势不可挡。而我们必须传承的珍贵的“非遗”正在被时代所更替的事物中。所以，“非遗”保护工作伊始，就首先要对“非遗”进行全面的“紧急抢救”，进行抢救性的记录、整理、分类，甄选精华，进而保护。

这件事很难。因为“非遗”是一种田野文化，田野就是大地上的民间生活。民间文化是大众为了满足所需而集体创作的生活文化。它与庙堂文化和精英文化有着根本的不同。庙堂文化与精英文化有文字著录，记载清晰，传承有序。民间文化则像野草山花那样遍地开放，兴衰枯荣，一任自然，从无著录，更无文字记载；历史上曾经有过多少精绝奇特的民俗民艺，无从得知其详。只是某一民俗事项或某一种民间绝技，偶然触动了某位文人，才被随手记下，简略地留在书中而已。故而，待到二十一世纪，我们开始对神州大地的“非遗”进行地毯式的调查时，才知道民间文化种类之繁多，特色之缤纷，内涵之深邃迥异，难以穷尽。在田野调查中我们会经常感受到：不管跑过多少地方，对于田野的文化，我们不知道的远比知道的多得多。尤其是我国之“非遗”，由于山水相异、地域多元、民族众多、自然多样、历史不同，“非遗”更是灿烂无比。现在列入政府四级（国家、省、市、县）名录者虽然多达十万项，仍然时有新的发现。

更大的难题是，对于如此超大规模、极其庞杂、千头万绪的民间文化，怎样去确认、记录、分类、整理、甄选？历史上，“非遗”是从来没有纳入遗产名单的。没有前人的经验可资借鉴，更没有专业理论可作指导与依据，甚至没有相关知识可以帮助我们认知；只有浩如烟海、林林总总、处于濒危的民间文化，在田野里等待我们去援助。这是一个前所未有的文化挑战。这挑战来自时代，同时来自田野大地！这是近代以来人文领域遭遇到的最重大的困难之一。

然而，由于我国政府拥有极高的文化眼光和文化自觉，我们是从国家发展战略的意义上看待“非遗”，故而备加重视。全社会愈来愈多地关注“非遗”，支持“非遗”；特别是学界，越来越多的学者致力于“非遗”的知识构建与理论构建，给“非遗”事业以必需的学理上的支撑，助力了从国家“非遗”法到政府各级“非遗”名录、代表性传承人制度等一系列“非遗”管理和保护的措施的确立。

我国“非遗”的保护和管理已经走在世界前列。但事物愈是发展，深层问题出现得就愈多，对研究者的学术能力的要求就愈高，对健全“非遗”理论的要求就愈迫切。当然，这也是“非遗”保护事业发展的逻辑与必然。于是这些问题就给了一个新兴的学科——“非遗”学。

可是从另一方面说，像“非遗”保护这样一个规模恢宏、意义重大的文化事项，这么多亟待科学地认知、管理和保护的遗产，又怎么能够没有坚实、专业、系统的理论来支撑呢？

拜访山东杨家埠年画的杰出传承人杨洛书

所以我们说，“非遗”学是被田野逼出来的！一切问题都是以田野提出来的，但是图书馆里没有答案；凡是要为“非遗”学立说者，还要问道于田野。

二、在田野建构的科学

“非遗”学的性质由“非遗”本身决定。

“非遗”对“非遗”学的要求，首先要让当代人从遗产角度（这是从未有过的角度）来认知“非遗”，阐明它的重要性、价值、内涵，明确它的特性。“非物质”文化遗产是相对于“物质”文化遗产而言的，以往的民俗学既不关心民间文化“遗产”的属性，也没有关于“非物质”方面的表述。“非遗”要求“非遗”学必须将这些“非物质”文化遗产的性质、特征、意义论述透彻、明白，进而还要将每一项“非遗”的文化构成理清；再进一步便是要关切“非遗”的传承方式、传承内容和传承人了。这些在田野中自生自灭的东西，都是今天“非遗”学研究的核心内容。

“非遗”学所面临的这些问题都是过去不曾关注的，都是以往学术的空白。那么，这个学术空白里边还有什么呢?

一个是“非遗”的技艺传承。在以往的民俗学和民间文化学中，技艺都是被忽视的，而技艺对于“非遗”来说却是重中之重。比如，作为国家“非遗”的“茅台酒”，“非遗”所指并不是酒，而是茅台酒的制作技艺。如果茅台造酒的“独门绝技”不再有人传承，茅台酒便即刻消亡；如果技艺无恙，茅台酒便源源不绝。技艺是“非遗”的关键。它世代活态地保留在传承人的身上，它是非物质的，它是一种必须保护的活态遗产，它是“非遗”的生命。从遗产的角度看，认知技艺的价值、确定技艺的精要、理清传承的脉络、制定技艺的保护标准，是“非遗”学学者的重要工作。

物质文化遗产主要是继承，非物质文化遗产主要是传承。传承是“非遗”学的核心工作内容。

接下去的便是保护。这也是“非遗”学的重中之重。在“非遗”的观念产生之

和华州老腔艺人们坐在一条板凳上备感亲切

前，民间文化是完全没有保护的。保护缘自人类对自己创造的历史文明的自觉和责任。但是，保护不是一种愿望，而是一种措施与行为，需要知识和方法，需要对“非遗”的正确认知和对保护方法的科学设定，以及严格的监督保障。这些工作都必须在田野中进行。

从上述的“非遗”所需的工作，从对“非遗”的认识、概念的确认，到知识逻辑和知识体系的构建；从遗产的记录到传承保护的理念和方法，都是田野迫切的需要。“非遗”学不是高高在上、坐而论道的学问，不能把学问搬到书斋里做，而是要与田野密切结合。因此早在二十一世纪初，知识界就提出了一个口号——把书桌搬到田野。

能够回答我们“非遗之问”的，不是书本，而是生气勃勃又问题多多的田野。由一个个具体知识的获取，到这门学问所有重大疑难的解决，都要到田野里去实践。

我们从不回避这门学问的应用性与现实性。“非遗”学具有鲜明工具论的性质，它为田野文化构建理论，为遗产的跨时代传承排难解纷。“非遗”学是既切合实际，又贯通古今，并且事关未来的科学。“非遗”学直接为“非遗”服务。从这个意义上说，“非遗”学是一门极具文化责任的学问。

三、受田野检验的科学

我们说，“非遗”学来自田野，建构于田野，它最终呢？成就于书斋吗？非也。“非遗”学最终落脚还是在田野。因为，它的一切成果最终都要接受田野的检验。没有人可以凭空评价它的是与非，只有在田野工作中才能够检验它的对与错。比如，如果我们的保护理念错了，方法错了，某些“非遗”就可能因之消亡；如果我们的保护理念科学到位，那些“非遗”便会赓续久远，优秀的传统得以保持和发扬。再比如，如果我们对“非遗”的认知有限，自以为是地误导了传承人，让充满

在窑洼炮台附近发现一块有重要历史信息的古碑

着乡土气质和地域精神的传承人去到大学学习素描和人体解剖，就难免致使传承人步入歧途，将千百年代代相传的看家本领扔掉，也容易使他们将自己最重要的“民间审美”视为落后和低下，这样“非遗”就会变异变味，悄悄毁掉。长此以往，就会造成看上去“非遗”传承人还在，但“非遗”的“原生态”却不复存在了，“非遗”也就名存而实亡了。这是“非遗”学学者必须关注的。

当前“非遗”消亡的表现之一是名存实亡。我们是否看到了？

我们的理念、见解、判断、措施正确与否，只有田野说了算。所以，我们一定要把自己的“思想理论”放到田野里去验证，让实践反复检验我们的理论。这是“非遗”学必须严格进行的学术程序。决不能把想当然的思想方法与指导方案一味地推行下去，糊里糊涂过了若干年之后，却在现实中找不到“非遗”最最珍贵的本色了。这是“非遗”学应该关注的一个要害问题——我们不能让“非遗”得而复失。

在皖南考察中

在江西流坑考察

在闽西土楼前，与原住民聊聊

可是，田野怎么说话?

首先在管理层面上，田野应保有相应的机制，就是监督与检验。严格的监督和科学的检验是“非遗”保护必须建立的刚性的机制。没有监督与检验就没有科学保护。“非遗”学者要为监督与检验制定标准。这也是“非遗”学学者要去完成的一项专业性和学术性很强的工作。

说到这里已经十分清楚：从田野中出发，在田野中探索方法和途径，在田野中研究并创建理论，再回到田野接受检验，这便是“非遗”学这门学问构建的全过程。所以说，“非遗”学是一门田野科学。田野是它的本质所在。“非遗”在田野，“非遗”学也在田野；离开田野就没有“非遗”学。

综上所述，作为新兴学科的“非遗”学，面对着两方面艰巨的工作。

一方面，“非遗”学的构建一切都要从头开始。从“非遗”学的每一个专用名词的确立、每一个概念标准的阐释、每一项学术内容的确定，直到整体的知识体系和理论体系的搭建。这些工作全是由无到有，任务十分艰巨。

另一方面，是我们中华民族的“非遗”体量、规模、复杂性，在世界上绝无仅有，由此决定了“非遗”学要做的工作是海量。更要强调的是，由于“非遗”具有强烈的地域特征，每一项“非遗”都自具特色，对其传承和保护的方式也必然各不相同，千差万别，极其繁复。同时，作为国家重要的文化遗产还需要系统化、档案化和整体的科学管理。科学管理更需要“非遗”学提供学理支撑。由此可见，“非遗”学未来工作之艰巨。

然而工作再大，也都要从田野做起，而且始终不能离开田野。学术就是无论巨细，都要精到深通。从这点说，“非遗”学是一门永远跋涉于田野的学问。唯其这样，我们的“非遗”才能永生于田野，我们的“非遗”学才能在田野中拔地而起，成为中华大地“非遗”保存与发展真正的科学的支撑与保障。

乡村　乡民　艺术　注视

石军良

随着中国现代化进程的急速推进，稳固的传统农耕社会在这场变革中逐渐衰退，短短的三十年，中国已有四十万个村庄消亡。而那些目前尚且存在的乡村也随着社会生态的变迁悄然发生着变化，传统意义上的“乡土中国”正在实现着向“城市中国”的现代化转型。乡村的城镇化和城市化所带来的结果，必然是传统乡村生活的逻辑发生彻底的改变，乡村生活原有的居住群落、生活空间、历史记忆和民俗行为面临着瓦解，而依附于这种生态背景下的众多民族民间文化和艺术形态也在悄无声息中衰落、变化乃至消亡。

黄河边废弃的村庄（2015年石军良摄）

在这样的时代背景下，如何留存民族民间文化的优秀“基因”，成为时代赋予我们的使命。走入乡村，走进乡民的生活，在注视中感悟为生存而生成的文化与艺术，成为民族民间文化、艺术研究的不二法门。

乡村

农耕文明在社会的急剧变革也发生着变化，一些人在远离土地的兴奋中抛弃了敬畏自然的虔诚。土地撂荒，村庄远逝。但无论如何，破败的砖墙上，依旧有阳光的温暖和人性的温情。这是 2018 年 1 月，在山西、福建考察时，面对灵石县汾河边破败的村庄、寂寥的厦门古镇时的所见所感，至今记忆深刻。

乡村作为聚落，作为农耕文明的重要载体，不仅承载着农耕文明的基因，也承载着祖辈的生存智慧和喜怒哀乐。但随着城镇化进程的加快，乡村的没落已成为不

甘肃渭源『拉扎节』祭祀活动 2019 年石军良摄

平凉花灯 2019年石军良摄

争的事实。中国大地上数以万计的乡村面临着同样的窘境。

2023 年 3 月 27 日在山西吕梁临县考察，吕梁的春天来得有些迟缓，颓废而沉寂的村庄一派萧瑟，只有春节时张贴的春联和挂笺依旧鲜亮喜人。在城市的喧嚣映衬下，乡村显得沉默和失落，令人伤感而无奈。

甘肃省平凉市索罗乡地处崆峒区北部塬区，乡政府所在地距离平凉城区 55 公里，是平凉乡镇中距离市区最远的乡。二十世纪九十年代在一些村庄还保留有完整的“地坑庄子”。2019 年正月在此考察时，仅看到侥幸遗存的两三个地坑院外。在考察临近结束时，得知平凉市最后一个窑洞村，泾川县王村镇朱家涧村作为省级精准扶贫村，在平凉市工信委帮扶下实施整体搬迁，千百年来平凉以窑洞为居住空间的村庄终于消失了。

沧海桑田，世事皆变。记得五年前，清晨的薄雾中看到渭源洮河边整齐划一的搬迁新村，一方面为他们居住条件的改善由衷地高兴，一方面也为他们生活方式的改变而致习俗、文化等方面的不确定性隐隐地担忧。

2020 年 12 月 23 日，我再次造访即将搬迁的东乡族村落。高高的海拔，盘绕的山路，未融的落雪，山脊上的村庄里东乡族人零星的居住。不久的将来，这些村庄将永远地消失，这里将回归自然的状态，东乡族先人垦荒建庄是为了生存，今人废庄何尝不是为了更好的生存。

村庄也像留守在村庄里的老人一样渐渐地老去，传统村庄的悄然衰落，事实上也预示着一种新的聚落空间和新的生存方式的开始。

庄浪县年关集市上售卖的家马云子 2020 年石军良摄

乡民

村庄做为聚落空间，人是村庄的生命和灵魂，生活的日常演绎着村庄的故事。

根据 2021 年全国第七次人口普查公布的结果，全国人口超过 14 亿人，乡村人口 509787562 人，占 36.11%。2020 年从乡村流向城镇人口为 2.49 亿人，较 2010 年增加 1.06 亿，十年间增加了 1 亿多人。从人口的城乡结构看，我国城镇常住人口持续增加。普查结果表明，加快实施促进以人为核心的城镇化，提高质量为导向的新型城镇化战略，推动农业转移人口市民化取得了明显成效。

事实上，村庄的衰落也始于乡民的离去。离开村庄的人开始了新的生存方式，而留在村庄的人依旧赓续着村庄的故事。

“乡村里百姓的精神追求构成了乡村生活的完整性，他们在为保障物质生活质

甘肃渭源民间祭祀礼仪　石军良摄

量的劳作中，也有着自我精神的救赎方式，他们的追求方式含蓄中迸发着热烈，细腻中显露出粗犷的血性。”这是 2019 年 6 月 19 日在甘肃渭源考察时，第一次在乡村庙会上看到师公“插钎”血祭仪式时被震撼而发出的感慨，也了解到“师公”做为家族传承，即使离开村庄外出打工或定居，当遇到特定的祭祀礼仪时，师公们也必须赶回来参与的“家规”。

师公老黄就是这次庙会的主祭，据他讲，自己做师公不知是第几代了。他自己退学做这行也一晃三十年了。老黄说，当时他的成绩挺好，不想退学做师公，是当老师的父亲用家族兴旺和家族传承的大义说服了他。老黄平时在家务农，只有村庄和乡民有需求时，他才是职业的师公。礼仪中羊皮鼓铿锵的节奏、雄健粗犷的舞蹈、血祭时的无畏与庄重、祭祀空间中五彩的剪纸都来自于这个普通的农民。在我

甘肃渭源洮河边上的乡村民间祭祀活动　石军良摄

看来，他更是文化的拥有者和传承者。

乡民的日常是多彩的，也演绎着乡村故事的绚丽。甘肃平凉北塬上的索罗乡一带，新婚夫妇正月十五回娘家点灯仪式就充满着乡民集体的狂欢精神。为了准备点灯仪式，娘家的亲朋好友、左邻右舍的婆姨们来帮忙，蒸熟的黍子面在婆姨们的巧手中变现成活灵活现的小生灵面灯。场院中由方桌和杌凳叠起的高达四米的灯山已布置完毕，静待夜幕下新娘、新郎的出场。

山西碛口一带，家里人都要在孩子满十二岁时大操大办，尤其是长子或长女。十二岁意味着长大成人了，不仅有亲朋好友前来祝贺，还邀请鼓乐班子或戏班子搭台助兴，据说和娶媳妇、嫁闺女一样的热闹。这些活动赋予了生命以真实和厚重。

2019 年在甘肃静宁考察时，拜访界石铺镇高堡村杨河社的剪纸老人关文彩，得知老人已于 2017 年正月去世，享年 93 岁。关文彩是当地有名的铰花巧手，可惜老人过世后，留存的剪纸花样随着送葬的烟火化为了随风飘舞的灰烬。

生活的日常充满着变数，有喜有悲、有苦有乐，走进乡民的生活，也就走进了乡民平淡或跌宕的人生。在众多的乡民和村庄故事中，从他们的笑声和眼泪中，切身感受到乡民的朴素、善良、执着，以及他们面对苦难时的坚韧与豁达。

艺术

民间艺术是伴随着乡民的生活而存在的一种广泛流传的艺术。乔晓光在《村社传统田野手记》中写道：“乡村里的艺术是为生存的艺术……艺术为村庄的生存注入了鲜活有趣的生机，村民们不知道艺术的存在，但艺术的方式使村社仪式活动和日常生活有了不一样的时间呈现与体验。”

剪纸、面花、刺绣、纸扎、花灯、草编等民间艺术形态，在他者眼中是美轮美奂的艺术作品，但在创造者眼中无非是生活日常的必需品而已。视角和观念的不

泾川县95岁的谢能能老人随身佩戴着自己制作的『针扎』 2019年石军良摄

同，无意间言明了乡民生活即艺术的纯粹。

2003年正月到陕北拜访高凤莲老人。高凤莲的剪纸造型独特且富有动感，表现出强烈的生命意识和质朴粗犷的风格特征。见识了高凤莲大娘的“扫天婆”，我才领悟到，民俗生活中常见的剪纸在陕北广大妇女精神层面上的意义和价值。

2020年腊月在甘肃静宁界石铺镇拜访87岁的剪纸老人吕桂珍时，老人拿出珍藏多年的自己出嫁时母亲陪嫁的筐筐（簸箩），微笑着看着筐筐，边比划边轻声细语地告诉我：“结婚时筐筐里铺着红纸，纸上放着母亲陪送的花鞋、鞋垫、花护襟和

师公正在制作礼仪空间中的剪纸 2019年石军良摄

包包，包包里放的是彩线和针。”老人回忆的微笑中掩饰不住含蓄的羞涩，我也被老人叙述时的平淡和专注所感染。

甘肃平凉正月十五晚上有小孩子挑花灯的习俗，并且挑完后花灯就烧掉，最晚到正月二十三燎疳时必须烧掉，目前此习俗传承较好。做为当地的“非遗”项目，黄吉祥在默默地坚守着花灯制作技艺。当2020年腊月再次拜访他时，有了新的感受。按当地习俗，正月十五，舅舅要送小外甥花灯。此刻的灯已失去了原本的价值和意义，成为情感寓意的符号，长辈的爱，其情浓浓，其爱绵绵。

第一次到平凉考察带回黄吉祥制作的“猴擀面”“金蟾吐钱”花灯，至今悬挂在画室中，色彩似乎已不像当初时鲜亮。此刻花灯只是物性的呈现，也因离开特定的民俗语境而失去其情感价值和文化的内蕴。

注视

在哲学领域，注视不仅是一个动作，也是一种态度或方式。而民间艺术的田野考察就是通过注视来实现对事物或现象的深入观察和理解。考察过程中不仅要见物，更要见人，通过对物的注视来探求物及人的本质和意义。事实上，田野考察通过注视在直观和理性的结合中实现着对人的生存价值的观照。

田野考察做为民间艺术研究的基础性工作，有着如考古研究般的科学严谨性，也有着似考古发掘般未知的期待、惊喜和失落。围绕着国家社科基金项目《中国剪纸研究》，自 2017 年至 2021 年，沿丝绸之路进行该区域的多民族传统剪纸艺术考察的五年间，萦绕脑海的是不断出现的问题：第一，考察地域剪纸活态现状情况如何？第二，剪纸创作者群体情况如何？第三，剪纸与日常生活、信仰的关系如何？第四，剪纸呈现的空间、习俗、仪式、禁忌及文化内涵是什么？第五，剪纸呈现的物质载体类型以及剪纸形态类型有哪些？第六，流变境遇下的剪纸和创作者的现状如何？等等，不一而足。

考察前除了对考察地域历史、文化和社会生态、民族信仰以及禁忌诸方面的案头信息准备外，剩下的只能凭借着坚韧、奔波、观察、判断在田野中找寻结果了。找寻意味着结果的不确定性，但无论结果如何，找寻永远在跋涉的路途上。

2020 年 1 月 10 日在平凉庄浪考察时遇雪，原计划进山寻村的路改作徒步，雪很厚、路很陡，走在路上只有嚓嚓的踩雪声相伴前行。灰暗低沉的天色在皎洁的白雪衬托下更显压抑，有天苍苍野茫茫的悲壮。一天的跋涉换来了期待中找寻的结果，自此色彩斑斓且寓意丰富的“家马云子”，以一种剪纸形态进入考察的视野。相较于寒冷疲惫中期待温暖的炉火和甜甜的罐罐茶，考察收获的喜悦更为的暖心。

找寻的过程充满着未知的期待，但无奈和失落却也时时相伴。

平凉静宁县张岖村传统的“牛吃船”社火曾远近闻名，因村里唱戏老人们的过世，年轻人又不会唱，所以“牛吃船”社火已经有二十多年没有闹过了。

静宁县曹务镇，过去这一带逢上赶瘟神，有跳傩社火的习俗。随着主持傩社火的几位老人的去世，已经好多年没有闹傩社火了。只在县民俗博物馆里还保存有两个闹傩社火时所戴的面具。

甘肃省肃北蒙古族自治县的蒙古族牧民祭祀敖包仪式 2019 年石军良摄

庄浪县朱店镇“家马云子”艺人朱根平讲道，家马云子原先有二十多个品种，有字、花和十二生肖，十二生肖一年换个样，现在就十个品种了。

庄浪县郑河乡史㕓村的何小琴大妈告诉我，现在村里铰花的少了，窗花不贴了，鞋垫也不绣了，年轻人结婚时的枕头也不做了，都是买机器绣的。

花灯艺人黄吉祥抱怨：儿子在南方打工，平时不回来，估计是不会学做灯笼了，麻烦不说还挣不了几个钱……

还有更多的考察笔记可列，但无非是关于社会生态的变迁已经消失或即将消失的信息。

民间祭祀活动成为乡民精神疗愈的行为载体　2019年石军良摄

甘肃平凉地域至今在乡村还在使用的方枕 2021年石军良摄

民间剪纸在传统的农耕背景下，是依附于乡民的生活而产生的，具有典型的非商品属性，而作为一种文化形态，它的传承、传播具有包容和开放性。多年的考察使我认识到，民间剪纸因其日常的功能性，成为一个家族、村落或社区共享的资源。其传承除了家族内部的耳濡目染，口传心授外，更多的是依靠剪纸纹样的传承和传播的，并且这种传播也随着联姻地域的扩大而扩大。

剪纸的传承模式主要是纹样（花样、熏样）传承，除一些造型简单的纹样可以直接剪制外，较为复杂的全部得依照留存纹样才能剪制，且离开纹样就不能剪了。而纹样传播的方式主要有婚嫁、邻里交流两种方式，如果是跨地域婚姻，那么各地域剪纸在题材、内容和风格上会相互影响。

静宁县乡村仍在使用的枕头　2020年石军良摄

西拉姆在他的《神祇·坟墓·学者》一书中写道："人类假如想要看到自己的渺小，并不需要仰视繁星密布的无垠苍穹，只要看一看在我们之前几千年就存在过、繁荣过、而且已经灭亡了的世界古文化就足够了。"在此，借用这句话表达当代社会生态背景下，对民族民间文化的历史、现状和未来的思考和注视。

立夏的冷祭

——从后张范个案追溯立夏时令礼祭

贺　疆

“四月维夏，六月徂暑。”诗经小雅《四月》明确指出立夏节气的时间维度。《月令七十二候集解》记载：“立夏，四月节。立字解见春。夏，假也。物至此时皆假大也。”意思是春天播种的植物自立夏始，万物竞秀，走向成熟。

立夏作为夏季的开始，也是农耕最为繁忙的时节，同时也意味着灾害天气的相伴而至。为了祈求丰收，人们往往会举办一系列的农耕祭祀活动，以祈求五谷丰登、风调雨顺。河北平乡后张范的“立夏冷祭”民间祭祀活动，是典型的集自然、时令、气候、耕作、物候、信仰及预防自然灾害为一体民间习俗活动，是民间朴素的信仰和民间艺术的混生共生的民俗生态，是比较典型的农耕文明的活态遗存，也是本土文化和本土艺术的活态呈现。

据传，后张范的立夏冷祭始于明万历年间，至今已经两百多年的历史了。对自然的敬畏，对时令的遵循，对农作物的重视，以及时令节气和农耕生活的交融，为立夏冷祭民俗活动注入了强大的生命力。

灾害　冷子

冷子，即冰雹，是夏季或春夏之交最为常见的气象灾害。冰雹的较有破坏力，不仅会伤害农作物，还会伤及群众，。依据中国第一历史档案馆所藏相关档案、《清实录》及各种地方志记载，自 1644 年清军入关至 1912 年宣统逊位 200 余年间，不完全统计，清代的冰雹灾害约 6404 起。尤其乾隆十三年（1748 年），冰雹记载有 103 次之多。其中华北的直隶、山西、山东，西北的为陕西、甘肃是冰雹最易爆发的地区。

冰雹降落的范围，一般宽度为几米到几千米，长度为 20~30 千米，冰雹的雹击路线呈带状、块状和跳跃状，受灾面积一般并不大。但冰雹降落有走老路的习惯。所以民间有“雹打一条线，旧道年年串”的说法。受灾面积的大小，是判断冰雹所造成灾害后果的重要指标之一。

农谚云“立夏不下，犁耙高挂”。意思是说，到了立夏的时节，如果老天不下雨，那么就只有把种地的犁和耙子都收起来，用不着了，意味着庄稼会歉收。作为二十四节气之一，立夏自然与农事活动息息相关。而这句农谚的流传，也证明了在立夏这一天，农民对于一场雨的渴望。“在四川的一些志书上，能够看到记载‘立夏宜雨，起东风，主谷熟’。这说明在立夏的时候，农人还是希望下雨。”下雨与谷物的成熟有密切的关系，也意味着谷物的成长。在季节上，立夏其实也是夏季的开始，万物进入一个蓬勃生长的季节，也意味着暴雨、雷雨天气会增加很多。在农村，至今还有许多以立夏当日的天气情况来预测夏季整体天气趋势的农谚，譬如：“立夏不下，旱到麦罢”“立夏不下雨，犁耙高挂起”。

“小者如杯、如碗，大者如砖，且多饱尖不圆，屋瓦当之皆粉碎，禾稼尽损，树木枝叶悉摧折，禽兽击毙无数”“大者圆径三、四尺，小者苏靖江大雨雹，径尺，树木毁折，屋瓦皆碎，行人途毙者甚众。”诸如此类说法比比皆是。有的冰雹重达三四十斤。

1923 年 10 月 23 日《申报》记载了陕北的大冰雹，“初仅若豆，继则若卵，后竟若拳，损伤人畜田禾不知凡已。雹止后，横山县官绅，出城验灾，则半里至沙滩，突遇一物，透明结晶，高丈余，直立地上，就地掘三尺余深，犹未尽其根，周围十人，莫能合抱，众相惊异，传为奇怪，及日出，始知为最大之冰雹也。”可以想见冰雹的破坏力之惊人。

每年的 4—6 月是我国的降雹盛期，也是我国发生冰雹灾害次数较多的时期。冰雹灾害是由强对流天气系统引起的一种剧烈的气象灾害，虽出现的范围小、时间短，但来势猛、强度大，并常常伴随着狂风、强降水、急剧降温等阵发性灾害性天气。冰雹每年都给我国农林、通讯、建筑等行业以及人民生命财产带来巨大损失。

历史上的河北平乡，是古黄河流经的地区，域内的老漳河更是时常泛滥。史料记载的大型冰雹灾害发生在 1508 年，大雨冰雹成灾，冰雹厚积三尺，树木庄稼尽被砸。

2004 年 6 月 24 日，平乡阵风 10 级，风速达到 30 米 / 秒，冰雹密度为 720 粒 / 平方米，在平乡县发现的最大冰雹直径为 12 厘米，重约 2 公斤。

2015 年 6 月 10 日，河北省邢台出现雷雨天气，并伴有大风、冰雹等强对流天气，平乡的风力最大，瞬时风力达到 28 米/秒（10 级）。

根据平乡县气象历年冰雹统计来看，平乡县二十世纪五十年代雹灾记录三次，八十年代有三次雹灾记录，九十年代有三次雹灾纪录。5、6 月份为冰雹灾害主要发生时段。有“冰窝”之称的邢台县、沙河县，近五十年发生次数均为 42 次，平乡县属于冰灾不算严重地区，发生雹灾 18 次，而后张范村在平乡县属于近五十年冰灾频率发生相对较低的地区。后张范村民认为，这可能归功于当地的立夏冷祭，因此冷祭的习俗得以延续。

溯源　华夏

“上天同云，雨雪雰雰，益之以霢霂。既优既渥，既沾既足，生我百谷”。《诗经 · 小雅 · 信南山》的诗句，唱出了时令物候的变化是农事和生活依存的规律，而因此衍生出的二十四节气，至今有着现实意义。

（理由：关于农事的诗十一首；关于农祭的诗四首或五首，数字不合，可能为知识性错误）

四立标志四季的到来，春分和秋分代表昼夜平分，夏至和冬至表明寒暑高峰的到来。谷雨意味着雨水充足，利于谷物生长。小满是说夏熟作物颗粒开始饱满，芒种象征着繁忙的夏收夏种时节。这些季节和节气的划分影响到今天，影响力已经远超五千年。

四季的概念，最早的文字记录是周代的《尧典》，云尧帝时期，就用观察太阳高度的方法，“日中，星鸟，以殷仲春”“日永，星火，以正仲夏”“宵中，星虚，以殷仲秋”“日短，星昴，以正仲冬”，测定了春夏秋冬的中间点，确定了四季的时间长度。也就是说，春夏秋冬的概念，在尧之前就有了，甚而早于文字起源。

甲骨文“夏”字

夏，是个象形字。甲骨文之“夏”，更像是一个人的形象，头如向阳花，象征阳光和树木枝叶荣华，双手张开有力，双脚在迈进，刀耕火种的时代，手和脚的力量是强大的加持。经过字体的演进，才有了今时之“夏”字。但在字义上，“夏”字的本义仍为“雄武的中国人”（这里的“中国”指黄河中游流域，即中原），后假借指一年四季之中的第二季。

华，花也，荣也，阳也。“木谓之华”，上古传说中，扶桑是东方神树，观测太阳以日影长度测定方位、节气，扶桑成为监测的参照物。阳光照在扶桑树上，光晕绚烂辉煌，神圣而庄严。而夏日季节，蓬勃的林木，丰盛的果实，是大自然对刀耕火种人类的馈赠。因此，先有夏天，后有人类，再有文字。

尧舜时代，天文与农业密不可分，天文和王权是王朝更迭的重要核心资源。尧舜禅让，舜荐禹。《史记·夏本纪》记载：“禹辞，辟舜之子商均于阳城。天下诸

立夏冷祭的路祭现场　贺疆摄

侯皆去商均而朝禹。禹于是遂即天子位，南面朝天下，国号曰夏后。”“阳城”“南面朝天下”，都说明了对太阳、对阳光、对“夏”字的敬畏和认同。

大禹的儿子启建立了中国第一个世袭王朝：夏朝。为什么定名为夏，学界说法不一。私以为，启之于命名夏，以农作物之茂盛来比喻祈愿国之兴旺，是可以理解的。一如，我华夏。华者，花也。阳光炽热，夏花烂漫，草木旺盛，小麦丰收，稻谷茁壮，果实次第，恰如一个青年精力最旺盛的时间。以华喻国，何尝不是一种祈愿与祝福？！“夏人”是汉族先民的第一个族称，有了夏朝，就有了夏人，也就有了华夏民族。从夏之形、夏之态、夏之神到夏人、华夏人、华夏民族，再到春夏秋冬四时之夏，再到二十四节气的立夏、夏至。从信仰到天文，从精神到农耕，从灵魂到民众，夏一直是轴心。

时令 立夏

四月维夏，兆于重篱。帝执其衡，物无厉疵。

于皇帝功，思乐旨酒。奠爵既成，垂福则有。

隋朝的佚名诗，描写了一个大一统国家皇帝迎接夏神的重要仪式，满满的仪式感。皇帝在立夏这天在郊外捧着衡器祭天，用美酒敬献夏神，歌乐礼赞，祈求夏神保佑农业兴旺，国泰民安。仪式庄严而肃穆。

而“立夏”，作为夏季的起点，作为二十四节气的夏的伊始，明确时间是在周朝以后。《逸周书·时讯解》记载：“立夏之日，蝼蛄鸣。又五日，蚯蚓出。又五日，王瓜生。”蝼蛄鸣、蚯蚓出、王瓜生等自然现象成这一时期典型的节令表征。汉代的《淮南子·天文训》载：斗指东南，维为立夏，万物至此皆长大，故名立夏也。此时的立夏时间已经与现代历法相符。

至于夏朝是否在立夏举行盛大的仪式不可考，但在周朝，立夏的仪式可谓盛

路祭现场 贺疆摄

大。《礼记·月令》记载："是月也，以立夏。先立夏三日，大史谒之天子曰：某日立夏，盛德在火。天子乃齐。立夏之日，天子亲帅三公、九卿、大夫以迎夏于南郊。还反，行赏，封诸侯。庆赐遂行，无不欣说。乃命乐师，习合礼乐。命太尉，赞桀俊，遂贤良，举长大，行爵出禄，必当其位。"立夏前三天，就开始准备。立夏正日，君臣郊祭，礼乐齐奏。足见古人对立夏节气的重视。

冷祭里的民间剪纸艺术（牛郎织女的故事） 贺疆摄

汉代也沿承此俗。《后汉书祭祀志》载："立夏之日，迎夏于南郊，祭赤帝祝融，车旗服饰皆赤。"歌《朱明》，舞《云翅之舞》。君臣的服饰都统一色调：朱色礼服，朱色玉佩，马匹、车旗均用朱红色，以表达对夏时的敬畏、对丰收的希冀。

《左传》曰："国之大事 ,在祀与戎。"祭祀和征战反映了两个现实层面问题：

民间剪纸艺术　贺疆摄

战争，关乎国家存亡；礼祭，洋溢着人们对美好安定的生活的祈望。

这是朝廷官方的正式礼祭。那么民间礼祭又是如何做的呢？

立夏　冷祭

“迎夏之首，末春之垂。”立夏是夏季的第一个节气，立夏是阴阳交替的分界点，作为夏季的开始，也称“春尽日”。我国各地在立夏这天，有丰富的民俗活动，立夏吃蛋、秤人讨彩和迎夏启冰，都很喜闻乐见。有的地方除了会在这天祭祀祖先，还祭祀土地神。农耕社会中，土地神是保护一方平安的当家神，保佑着该地农作物的安全和生长。在耕地附近，村民们敬献鲜花、水果和祭品，祈求土地的肥沃和作物的丰收。礼祭的意义在于告诫人们敬畏天时地利，尊重自然规律，沿袭传统礼仪，关注环境和生产，表达对健康幸福的祈望。

火烧三黑　贺疆摄

《平乡县志》记载：祭冷冰，旧时，农民惮于冰雹之害，遂于每年立夏节之日，用面捏猪、羊、鱼等供品在村外设祭，并烧香化纸、伴有社火吹歌等文娱活动希冀取悦雹神，以求开恩免灾。其活动最隆重者首推县西北之后张范村，每年购买生猪、生羊、火头鱼（乌鱼）。祭祀毕挖坑埋掉，邀集多班社火现场赛会，其火爆程度不逊过年、闹元宵，至今沿袭不衰。

当地的气象记载，每年夏季，平乡属于冰雹笼罩区。平乡后张范的立夏冷祭，据说起始于汉代。现存的手抄本文字记载，立夏冷祭起源于明万历年间。据当地老人说，此活动在后张范村已有 200 年左右的历史。清代蒲松龄在《聊斋志异》卷一《雹神》里提及的王公筠苍（王孟震）的奇异传闻，与立夏祭冰神的传说完全相符。

平乡后张范的立夏祭冷神，目的就是祈祷龙王保佑，别下冰雹，以保丰收。有

立夏正日的郊祭仪式 贺疆摄

别于其他节气礼祭的是，后张范的立夏冷祭是应自然、天文、时令、气候、农耕、物候以及自然灾害而衍生出的民间习俗活动，这就它融入了自然灾害与农作的直接作用和直接关系，从而具有了鲜明的指向性。这显然超越了常规的立夏祭土地的泛泛祈福。

后张范的立夏冷祭活动，特点是规模大、时间长、流程多、仪式丰富、民间剪纸多姿多彩、太平道乐系统成套，内容丰富，涉及内容驳杂繁多但有条不紊，仪程仪轨条理清晰。其间，民间剪纸艺术是一大亮点，道教音乐在这些仪式中更是异彩纷呈，引人入胜。

冷祭的准备工作往往在立夏前一两个月就开始了，先是妇女们剪纸成功，旗罗伞殿应有尽有。正规的祭祀仪式则有七天，就是立夏的前三天后四天。这七天，全员斋戒食素，以示对自然神明的敬畏。前三天，搭棚、请龙王、取水、转供、游街等，还有各方来贺喜礼赞的表演。主祭仪式在立夏当天，主要是道家礼宾举行各种礼祭仪程：诵读祭文、礼拜龙王，祈求风调雨顺。主祭祀仪式最重要的是火烧三黑，黑猪、乌鸡、黑鱼的三黑火祭，是该民俗最大的特色，令人震撼。

后张范的立夏冷祭，请的龙王就有 108 位之多。取水须提前测定村东南方向有水窖的人家。取水供龙王时，一系列的道教仪式，严谨而有序，神秘而庄严。立夏当天火祭的方位也是提前测定好的，村西北方向，挖一米深二尺见方的土坑。点燃的木材也有讲究，必须是桑木。祭品更讲究，黑猪、黑鱼、黑鸡，清一色的黑色。而这颜色，颇近似于秦汉时期的尚青尚黑。

而且，后张范的立夏冷祭仪式，比素常的礼祭更复杂、更神圣、更具有仪式感。繁复精美的民间剪纸艺术、系统古雅的太平道乐、庄严系统的道教仪式，民间朴素的信仰和民间艺术在这一场盛大的立夏冷祭仪式中混生共生共存，奇妙而和谐，共同构成鲜活的民间文化形态，可谓国内一个独特的民俗个案案例，在“非遗”和活态文化层面具有很高的学术价值和很大的研究意义。作为活态的时令农耕礼祭文本文献，为时令节气礼祭民俗的溯源具有粉本意义和价值，在追溯华夏民族先民礼祭层面，有着重要的参考价值和探索意义。

立夏当天，时令交节的那一时刻，主祭现场的熊熊之火，寄托着农民的丰收的希望，凝聚着人们对自然天道的敬畏，蕴含着人们朴素的价值观和哲学观。民间习俗是一种传统文化，有其自然的文化属性。文化的多元共存，是人类社会的理性状态。“非遗”保护的初衷，就是为了人类文化和而不同的多元化共存的良性生态。在时代飞速发展的今天，在农耕辉煌不再的当下，平乡后张范的立夏冷祭，以其独特性、唯一性、活态性，成为华夏悠久民俗的活态粉本，值得我们去追溯、探索、研究和思考。

境遇　平乡

平乡，汉 · 司马迁《史记 · 货殖列传》云：……犹有沙丘(今平乡县王固村一带)纣淫地馀民，民俗懁急，仰机利而食。丈夫相聚游戏，悲歌慷慨。末句意为用悲愤激昂的歌声来抒发心中的郁愤和痛苦，后翻转为慷慨悲歌，但意思基本不变。至今流传当地的民间戏曲南路丝弦，剧目多为宫廷袍带大戏，鲜少儿女情长，即使有，也是在时代大背景之下的家国情怀。这不能不说是这块土地的基因。

而中国历史上的几次重大转向事件多发生于平乡。平乡，不仅是商周文明的标高，更是数度改写了中国历史。商纣王在此建沙丘苑台，置酒池肉林以娱；赵武灵王在此会盟天下成一代霸主；项羽破釜沉舟一战成名；秦始皇病逝于此，李斯、赵高矫诏杀扶苏扶植胡亥；张角在此创立“太平道”……这样一个令历史数次转向并改写了历史的一方水土，是一个历史沉淀和文化积淀深厚的地方，是值得大书特书深度解读的地方。

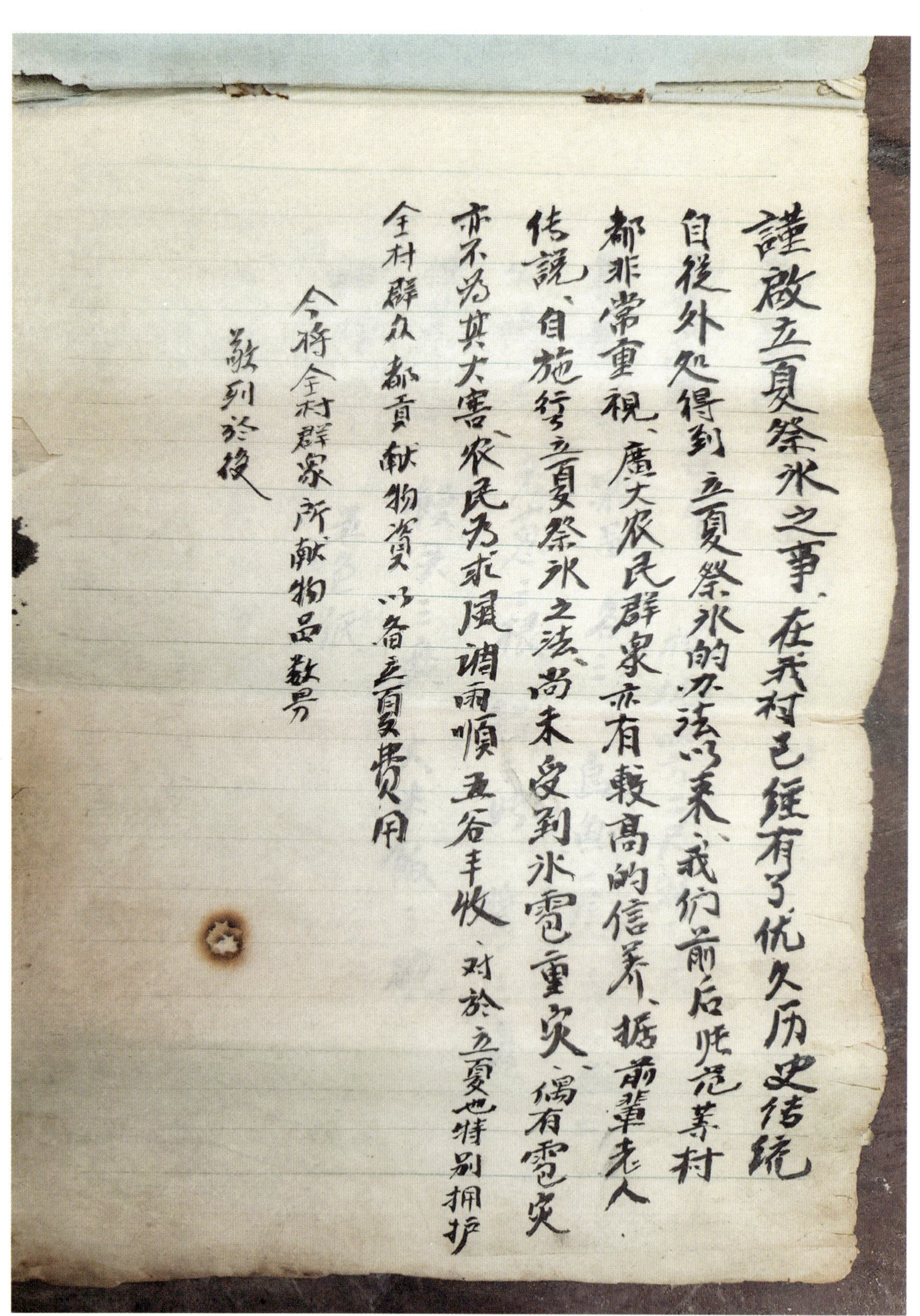

謹啟立夏祭氷之事、在我村已經有了优久历史传統
自從外処得到 立夏祭氷的办法以来、我们前后张范茅村
都非常重視、廣大农民群衆亦有較高的信养、据前輩老人
传說、自施行立夏祭氷之法、尚未受到氷雹重灾、偶有雹灾
亦不為其大害、农民為求風调雨順五谷丰收、对於立夏也特别拥护
全村群众都貢献物資 以备立夏费用
今将全村群衆所献物品数易
敬列於後

冷祭会手抄本　贺疆摄

当地资深老者在讲解立夏冷祭的起源　贺疆摄

平乡县位于河北省南部太行山东麓、冀南平原南部，在东经 114°52′至 115°07′、北纬 36°57′至 37°10′，东西宽 23.4 公里，南北长 25 公里，总面积 406 平方公里。平乡，这座冀南平原上的小县，在中国历史上却具有着重要的战略位置。其古地望，太行峙其西，黄河、漳河环其东，北临大陆泽，“为天雄信都之孔道，山左山右之通衢”，为“一方要冲”，自古为兵家必争之地。

该地地处暖温带半湿润区，大陆性季风特征明显，四季分明，气候宜人，林茂木秀，阡陌纵横，物产富饶，河网密布，风光旖旎，亦因此才有祖乙迁邢，商纣王建沙丘苑台酒池肉林以嬉戏娱乐。

平乡县夏季（6—8 月），天气炎热，降雨集中，间有大风、暴雨、冰雹等自然灾害天气，季降水量 352.6 毫米，占年度降水量的 68.8%，尤以 7 月下旬 8 月上旬降水最为集中。

时令已入夏，秋实已在路上。天地交泰，万物并秀。愿风调雨顺、国泰民安。

背景提示

河北大学艺术学院齐易教授和中国文联音乐艺术中心《人民音乐》编辑部编辑荣英涛，都是京津冀学者音乐类“非遗”考察团队的召集人之一。

齐易教授撰写出了一系列考察工作手记。在大量的考察资料中，一篇篇文章，一幅幅图片，一个个视频，真实地记录了考察团队艰辛的田野工作历程。无论是三伏酷暑还是三九严寒，大家都不辞辛苦地奔波在广袤的田野，走入一个个“非遗”项目所在的村落、班社，系统考察、全面摄录、精心收集、认真梳理归类，将这些散落在民间的传统文化项目家底查清，收入镜头，记于文字。历史一定会记得曾有这样一群学术志愿者勇于担当社会责任，主动献身到非物质文化遗产保护中来，为这方土地上的传统民间文化的保护和传承做出了巨大的努力。

他们的脚步也一直奔走在田野考察的路上……

京津冀学者音乐类“非遗”考察团队田野工作纪实

齐 易

地处华北平原的京津冀地区是我国先民的早期活动的地域之一。春秋战国时期，这里是燕、赵之地，随着历史的发展形成了丰富多彩的地方文化。元明清三代，京津冀地区作为京畿重地，具有较高的政治文化地位，使得全国各地不同风格各具特色的文化艺术都汇集到了这里。深厚的历史积淀，特殊的地理环境，使这一带传统文化的蕴藏非常丰富。

新世纪以来，出于保护民族文化根脉、维护多元共存文化生态的目的，国家开展了非物质文化遗产保护工作。在这个背景下，在京津冀等地工作的一批河北籍音乐学者开始思考，如何才能运用自己的所学为家乡传统音乐文化的传承保护和学术研究做出贡献？大家自幼生活在这片土地上，受本土文化滋养，长大后又学有所成，出于对家乡传统文化的深厚热爱，及从内心生发出的责任感，认为有义务行动起来做些事情。

2015 年以来，以河北籍学者为核心，由中国艺术研究院音乐研究所、中央音乐学院音乐学系、中国音乐学院中国音乐研究基地、天津音乐学院音乐学系、河北大学艺术学院、河北师范大学音乐学院、河北大学出版社等高校和单位的师生们共同组成了学术志愿者组织“京津冀学者音乐类非遗考察团队”（后来又吸纳了我国浙江、湖北、山西、陕西和台湾等地区，以及美国、英国、意大利等国的学者为成员），这是一个致力于非物质文化遗产保护、服务地方文化建设的一个松散型学术群体，以田野考察、摄录、研究为基本工作内容。

我们的工作得到了学术界的大力支持。张振涛老师根据自己多年的学术积累，为考察工作的开展出谋划策，指引方向，并亲自参与田野考察和成果出版工作。田青老师积极支持团队的工作，并为出版的学术成果题写书名。袁静芳、张伯瑜、杨民康、赵仲明等老师也时刻关注考察团队的工作动态，对考察工作的开展提出了各自的学术建议，并从各方面对团队给予热情支持。台湾的施德玉、施德华等学者出于对祖国传统文化的热爱，自费前来参加团队的考察，并贡献了多篇研究文章。各个参与单位的负责人也纷纷支持团队的工作，并为学者们的考察提供各方面的帮助。

团队以县域为单位开展，借鉴民族音乐学田野考察方法，对地域内所有县的代表性音乐类“非遗”项目进行全面考察、摄录与研究，然后将相关成果汇总出版。新的时代有新的考察、辅助手段，在视频摄录技术已经普及的时代，我们将京津冀

高碑店观看河北梆子演出的孩子　齐易摄

地区的民歌、器乐、戏曲、曲艺、歌舞等音乐类非物质文化遗产进行全面摄录，为中国民间传统文化在当代的见存状态留下历史档案，也为后人留下比文字更直观、更形象的基础性视听文献资料，这对于后续的学术研究来说，无疑具有巨大的价值。

要对一个县域的音乐类“非遗”项目进行全面考察、摄录和研究，首先要对该县域的音乐类“非遗”项目的整体情况进行全面的了解。在考察活动实施之前要有一个前期摸底的工作。然后需要制订一个周密计划，这涉及研究团队组成、摄录人选、设备使用、出行方式、资料整理、视频制作、学术研究、成果出版等一系列问题。在考察工作实施阶段，则需要当地的政府部门及广大民间传统文化“局内人”的积极配合，大家共同努力，才能完成这种大型的、连续的田野考察。

在一个个酷暑夏日和三九寒天中，团队的师生们踏着前辈学者的脚印，奔走在华北大地的原野上。从 2015 年对高碑店市的音乐类“非遗”项目考察开始，团队陆

2016年2月12日，考察高碑店市河头村高跷会的街头表演，看街头的表演　刘阜摄

续开展了对雄县、安新县、容城县、涿州市和涞水县的相关“非遗”项目的一系列考察工作，并由国家出版基金资助、河北大学出版社和方圆电子音像出版社共同出版了“箫鼓春社”系列图文并茂的出版物（涿州市卷和涞水县卷待出版）。此外，团队还对河北省的保定市易县、白沟新城、徐水区，以及邢台市隆尧县等县区的“非遗”现状进行了全面摸底，为下一步的工作开展打下了良好基础。

已故国际音乐学术刊物《音乐中国》主编周勤如老师在参加了安新县北曲堤村的考察工作后，感触颇深，他在自己主编的刊物上开辟了“冀中音乐类非物质文化遗产普查文选”专栏，以 58 页的篇幅编译刊发了团队的 5 篇学术成果，并撰写了序言。他把团队的工作特点概括为“开放包容的工作方式”“资料即时共享的文化维护意识”“基于理论自信的践行”三个方面。他认为，由本地学者组成稳定的核心统筹全局，广泛吸纳全国各地以及国外的学者参与工作，这种包容的工作方式把分散的能量聚在一起，取他山之石攻本地之玉，保证了考察活动的学术质量；考察现场的视频直播、考察手记的微信公众号刊发、资料的即时共享、在“无我”之境中摆正主位与客位的关系等做法，展现了当代中国音乐学者的胸怀、度量、修养和眼光；考察团队持续多年兢兢业业地捡拾冀中大地上残存的民间传统音乐文化碎片，已经摆脱了近世音乐学术的“新世俗”而进入了基于理论自信所创立的当代田野工作新模式。

中国正处于向现代化社会迅速转型的大变革时期，许多诞生于农耕社会背景下的文化形态正在逐渐地消失。在这种情况下，怎样为历史留下一份民间传统文化在当下见存状态的真实档案，就显得非常紧迫而必要。在我们曾经系统考察过的雄安新区三县，许多村落在新区建设中已经被拆迁无存，正是由于团队的抢先工作而为巨变之前这一地域的民间传统文化样貌留下了大量视频、图片、文字资料，相信这些资料将在未来显得弥足珍贵。

目前，团队对冀中地区多个县市的音乐类“非遗”项目开展了较为全面的考察、摄录、研究工作，其成果将文字、图片、视频多维结合，一些专题考察报告与研究文章让许多不被学者看重的音乐类“非遗”项目成为大家关注的对象。这种考察代表了一种学术理想，当我们“踏入田野，进入一个个村庄时，总有令人意想不到的惊喜，也总会有一些遗憾。截至 2020 年中国大陆共有地级行政区划单位 333 个，县级行政区划单位 2844 个，这是一个大有可为的田野空间。这 8 年的考察也让团队更加坚信：每入田野，必有所获。

京津冀地区音乐类“非遗”项目考察工作，以县为单位，逐村摸排，凡音乐内容丰富者尽纳其中，兼顾 5 大类民间音乐形式。从已经取得的成果来看，考察团队采用“地方政府负担费用，学者志愿参与研究工作，民间力量积极配合”的工作模式是有效果的。但是经过几年的实践，这种工作模式也显现出了某些局限性。首先，取得政府部门支持的难度大。这种大规模的考察，没有政府部门的支持是很难开展的。政府部门不仅熟悉当地民俗民风，更拥有自上而下触达乡村的强大动员能力。这些年来，依靠团队的努力沟通和学术信誉取得许多地方相关政府部门的信任和协助，使考察工作能够持续推进，但事实上我们获得的地方政府的支持还是很有限的。其次，考察计划的实施过程常出现很多变故。由于团队成员来自多所院校，制订工作计划往往会大费周折，而在实施的过程中还会出现许多变数，包括政府部门人员的变化、考察者的变更、田野对象的临时调整以及天气道路状况因素等，都使得“计划没有变化快”，考察工作只能“见招拆招”。面对这些问题，我们应该做出怎样的改变才能更有利于工作的开展？受“冀中音乐会普查小组”工作模式的启发，我们在想：是否与乐社直接对接开展工作会更加顺畅？是否可以依靠现有视频摄录班底先行进行资料的收集而把研究工作留给学者后续跟进？

此外，还有三个关键性问题也尚待解答。第一，“经验之问”。考察尚未总结撰写出具有当代学术参考价值的《民间音乐采访手册》式的工具书，尽管有些工作方式方法改进，但依然缺少相应的成系统的总结，也缺乏对于当代中国民间传统音乐考察工作整体框架的思考。第二，“形态之问”。记谱始终是音乐类“非遗”项目田野考察工作的重要部分，没有记谱就难以深入音乐形态分析，虽然有少部分文章涉及记谱并分析了音乐形态特征，但从总体来看，田野考察工作依然缺乏整体性的记谱，在促进音乐形态的整理分析和研究，乃至在此基础上的音乐改编、创作上，还需做足底层功夫。第三，“理论之问”。理论是田野考察工作的升维，中国音乐学的前辈曾在田野上提炼出令人瞩目的原创性理论，如“乐种模式分析方法”“民歌色彩区”等。京津冀地区音乐类“非遗”项目考察尚待提炼出有创新性的理论观点或学术术语，这条路任重而道远。

古老的京津冀大地，民间传统音乐文化积淀丰厚，漫长的历史、杰出的先辈留给我们的是厚重而精彩的文化遗产。对于这份丰厚的文化遗产，我们有责任将其留存至将来，传承给后人。作为受其滋养而成长起来的后辈学者，我们对于这些遗产更是应该在保护、研究、传承方面担当责任、贡献力量。

京津冀学者音乐类“非遗”项目考察团队作为一个有志于此的学术志愿者组织，将继续踏着前辈学者在冀中大地上留下的脚印，创造性地接续他们的事业，为中国民间传统音乐的传承、保护做出我们的努力。同时，我们也将在总结经验与教训的基础上将这项工作持续地进行下去，也希望我们的努力能够引发更大的社会效应。

京津冀学者联合考察团代表性考察项目之学术价值简述

荣英涛

2015 年 5 月，应时任高碑店市文化广电新闻出版局王腾洋局长的邀请，“京津冀学者联合考察团队”以河北大学艺术学院齐易教授为核心，联合京津冀三地学者，开启了为期 10 年的冀中 7 县市（包括高碑店市、雄县、安新县、容城县、涿州市、涞水县、易县）音乐类“非遗”考察、摄录、研究计划。随着考察的不断深入，参与者愈发感到了这项工作的社会价值与历史意义。团队的考察对象涵盖了器乐、戏曲、曲艺、歌舞等众多音乐门类。考察者以音乐民族志考察方法为指导，真

2016 年 2 月 15 日，考察高碑店市艺友河北梆子剧团，剧团乐队一角

实记录了当代冀中平原 7 个普通县市区域范围内的乡土音乐文化现存现状，为历史留下了中国音乐文化在这一地域的一个横切面。

在当下，民间传统音乐的表演者们或在城镇工作，或留在农村生活。只有在年节、祭祀、婚葬等重要民俗活动时，他们才从四面八方重新聚集在一起。在团队考察过的 7 县市的村庄中，几乎每个村都沉淀着传承几十年乃至超过百年的传统艺术表演形式。在此，我将对其中具有代表性的表演类型进行简述。需要特别说明的是，原本作为民间音乐基础的民间歌曲，没有出现在我们的考察中，其根本原因是这一地区已经普遍没有了民歌，有时也仅仅是在祭祀仪式或民间歌舞中还能够见到少量的民歌演唱。

一、器乐类

冀中 7 县市域内的民间器乐类型有音乐会、南乐会、吵子会、十番会、吹打班等。以下重点介绍音乐会和吵子会。

1. 音乐会

冀中音乐会是中国传统笙管系乐种中的一个重要组成部分，传承自明清宫廷音乐与寺庙音乐，使用佛、道、俗祭祀仪式中的传统器乐进行演奏。冀中笙管乐保存了大量的唐、宋词牌，融合了辽、金、元以来南北曲音乐文化体系，曲目体系、宫调体系以及演奏风格皆呈现出鲜明的历史传承性。目前仍有 200 余家乐社活跃在冀中大地的城市与农村，成为中国传统笙管乐系中颇具代表性的音乐形态。

冀中音乐会乐器包括小管、笙、笛子、云锣等旋律乐器，以及鼓、铙、钹、板、铛子等打击乐器；演奏乐曲为用工尺谱抄写的传统曲牌；应用场合仅限于祭祀仪式、宗教仪轨、民间葬礼等，形成了庄重典雅的音乐风格。考察团队收集到相关的晚清至当代乐谱超过 40 册，这些乐谱大多有近百年的历史，其中记录的套曲和只曲数以百首。

2015年3月5日（正月十五），南高洛村南乐会在北高洛村弥勒佛像南侧进行演奏 刘阜摄

2. 吵子会

河北省的吵子会，在二十世纪三十年代就引起过音乐研究者的关注。1932年，民族音乐家刘天华就曾在北京天桥一带记录了河北省安次县（今廊坊市安次区）吵子会艺人的演奏乐谱，编成《安次县吵子会乐谱》一册。

吵子在河北省属十番乐系统，研究者通常将吵子作为十番乐的一个分支。“‘吵子会’原是十番乐中的组成部分。在河北省流行的十番乐由文、武两部分组成，‘吵子会’即武十番。”吵子会乐队由海笛与鼓、娄斗、铙、钹等打击乐器组成，常以海笛乐曲与打击乐曲交替进行演奏形成套曲结构。河北省的吵子会非常多，无论冬夏，县城、乡镇的休闲广场上都会聚集许多吵子会，竞相表演，热闹非凡。

二、戏曲

河北省大体有两大戏曲活动中心地域。一是大运河的沿河地区。这些地区商旅频繁，漕运发达，流入河北的弦索俗曲诸腔以及早在明代即已流入北京的弋阳、昆山、海盐诸腔，多经这些地区而来。二是河北的西北部，以张家口、宣化为中心的张垣地区。该地区为山、陕客商进京的主要门户，同时又是沟通蒙、汉经济的重要商埠。梆子声腔主要由此流入河北地区。

冀中地处京畿南部，既是进出京城的重要地理通道，也是重要的文化通道。在京城戏曲艺术的辐射影响下，这一带的戏曲艺术活动历史悠久，亦曾非常活跃，戏曲班社、票友组织遍布城乡，大量的民间剧团广泛活跃于十里八乡的红白喜事、乡间庙会，深受大众的喜爱。考察团摄录的戏曲类型有京剧、评剧、豫剧、河北梆子、秧歌剧、老调、丝弦，以及稀有剧种上四调、横岐调、诗赋弦、云车会等。以下重点介绍上四调和横岐调。

2023年10月25日，车厂村老调表演者们正在化妆　齐易摄

1. 上四调

高碑店市撞河村的上四调历史悠久，是独具特色的本土稀有小剧种，属于柳子弦索腔系统。据称，该村剧团曾保存有“缝制于万历年间的戏会门旗”（民国初年毁坏）。剧团至今还保留着清道光二十三年（1843 年）的戏箱。上四调原为“坐台腔”，打击乐伴奏使用高腔锣鼓，乐队置于舞台正面的演员后面。1952 年，村里有人到县戏校培训学习后才逐渐有了现在的表演样式。上四调剧目以演绎神话故事为主，兼及历史故事、家庭伦理等内容，共有完整剧目 18 个，可称为中国早期戏曲的活化石。

2. 横岐调

横岐调诞生于涿州市南横岐村，其腔调相传于明万历年间（1573—1620 年）由大清河以南的刘姓兄弟逃荒至此传授而来。初为坐唱，在年节、农闲或村中吉庆喜事之时表演，后逐渐改为化妆扮戏，至晚于清咸丰年间（1851—1861 年）发展成为独立的戏曲剧种。随着横岐调的日益成熟，逐渐流传至涞水、易县、高碑店、定兴、固安，以及京郊房山、大兴等部分城乡。根据考察团成员王宇琪研究，横岐调是在“腔”“调”两大系统上建立起来的唱腔体系。“腔”系统由“八腔”发展而来，包含“三腔”“五腔”与“八腔”；“调”系统与不同行当演唱的上下齐言句相关，并伴随板式变化，主要包括“老调”“平调”“尖调”“狂调”“悲调”“高调”各类。从演员们有意识地将横岐调唱腔表述为“腔”“调”两大类来看，一定程度上体现出他们对该剧种唱腔系统的认知观念：曲牌体与板腔体之间、不同行当唱腔之间泾渭分明。

三、曲艺

曲艺是群众喜爱的说唱艺术。团队考察的 7 县市有西河大鼓、十不闲、评书，以及曾经盛行的竹板书、快板书、京东大鼓、相声、山东快书等多个曲艺种类。随着社会的变迁与新兴流行文化的冲击，这些曲艺迅速走向了消亡，消失速度之快令人惊讶。

2015年7月30日，考察高碑店市丁家庄王亮西河大鼓，王亮演唱、贯文军三弦伴奏

西河大鼓

西河大鼓，属于鼓曲类曲种，清乾隆年间（1736—1796年）由流行于冀中的弦子书和木板大鼓演变而来。西河大鼓通常是二人搭档演出——一人演唱，一人伴奏。演唱者左手持两片铜板磕打，右手以鼓箭击扁鼓，为演唱按节；伴奏者持大三弦坐弹伴奏。西河大鼓的表演分“说书”和“唱段”两类，其唱腔属于板腔体，表演内容以民间故事、历史演义、通俗小说为主。西河大鼓表演形式主要有长篇（蔓子活儿）、中篇（巴棍儿）、短篇（小段儿）、书帽（小巴掌），其中长篇和中篇边说边唱，短篇只唱不说。

四、民间歌舞

民间歌舞亦称“花会”。新中国成立前，河北省有各类民间舞蹈近200种。随着社会的变革，民间舞蹈的祭祀功能逐渐消亡，使部分完全依赖祭祀而存在的舞种，或转化为群众自娱性舞蹈，或随祭祀活动消亡而消亡。据1982年的调查，河北全省仍有170余种舞蹈为人熟知。1984年复查时，虽然有70余种仅存名目，但尚有近百种还有人表演或有人传授。考察团摄录的民间歌舞类型有高跷会、龙灯会、狮子会、旱船会、武术会、竹马会、霸王鞭、旱船会、秧歌会、小车会等。以下重点介绍高跷会和竹马会。

1. 高跷会

高跷会原为祭祀舞蹈表演形式，为古代赛社习俗。在保定、廊坊、沧州一带流行的高跷会，因技艺复杂、动作惊险，列全省高跷会之冠。凡地上能做的技艺性动作，高跷表演者均力争实现。

高跷会也称登云会，属于武高跷，高碑店市河头村会里曾存有光绪三年（1877 年）制的一面会旗，因此可以断定河头村高跷会至少已有 140 余年历史。河头村高跷会主要表演《水浒》故事，共有鲁智深、花荣、时迁、孙二娘、公孙胜、萧桂英、萧恩、扈三娘、石秀、李逵、燕青、李俊等 12 个角色。涿州市西茨村的高跷会表演时扮演的角色为

2017 年 12 月 15 日，端村镇东堤村秧歌拉旱船

“十二生精”，即老窦（壁虎）、作子（狐狸）、公子（蛤蟆）、渔翁（红蟒）、渔婆（蛤蜊）、药先生（王八）等，这些角色都为双数，一共有 12 位表演者。在冀中一带，虽然不同村落的高跷会所饰演的角色有所不同，但都为 12 个角色，这一点是共通的。

2. 竹马会

竹马会又称舞竹马，是一种历史悠久的传统民俗舞蹈。竹马是用竹篾扎成马头形状的坯子，外蒙多层以胶粘合的布，制成道具进行表演。演出时表演者将竹马的前节挂在齐腹高处，后半部安置在背后腰椎处，演员看起来就像真的骑在马上。

涿州市南胡宁村竹马会的表演是有情节的，内容为“昭君出塞”的故事，共有 13 个主要角色，包括王昭君、单于、王龙、迎亲使节、打伞丫鬟以及男女随从等。其中 8 人骑竹马，其他角色不戴竹马道具。竹马会的服装和化妆颇为讲究，仿照传统戏曲的样式进行装扮。表演时的队形变化，包括“拉场面”“长蛇出道”“双龙出水”“四门斗”“双番马”等。伴奏乐器均为打击乐。

五、结语

以往，我们总是强调政府、机构、学校、专家在保护传统文化上的主导作用，其实非物质文化遗产保护的主体本应该是乡土传统文化的局内人自己，在普查中我们见到了许许多多的普通人对乡土传统文化的热爱与坚守。在河北这片土地上，我们看到了为屈家营村音乐会奔走一生的林中树，为南头村音乐会续写乐谱传奇的樊广印，为安新县“非遗”保护呼号的张国振，为廊坊市“非遗”保护累断了腰的王晓燕等人。在考察中，我们看到了为维持音乐会、上四调、吵子会、西河大鼓、高跷会、秧歌会等乡土传统音乐文化的活力而殚精竭虑的石景云、张永堂、王春坡、刘汉昌、王树田、王亮、王奎等众多的民间文化精英。燕赵自古多慷慨悲歌之士，正是这样一群执着的民间文化局内人，凭着代代相传的挚爱之情，撑着传统文化这口气，延传了我们祖先的精神血脉。

京津冀音乐类“非遗”考察资料收集

田　薇

京津冀地区音乐类“非遗”考察始于2015年，由中国艺术研究院张振涛研究员、河北大学齐易教授、《人民音乐》编辑部荣英涛博士等学者牵头，联合当地政府、京津冀高校师生、出版社，在相关单位的支持下，对京津冀地区音乐类“非遗”进行全面的考察、摄录和研究。考察项目有器乐、戏曲、曲艺、歌舞四大民间音乐类型。该考察不仅注重学术研究，还注重为该地域的传统音乐文化留下历史存照档，《留下历史存照　助力雄安腾飞——雄安新区音乐类“非遗”系列考察摄录研

2015年10月17日，考察雄县葛各庄音乐会，陈铭方利用休息的间隙录入乐手信息

究工作回溯》（作者齐易，发表于《人民音乐》2019 年第 5 期），全面摄录会社（音乐组织）表演，拍摄、记录会社的成员、乐器、乐谱等信息。本文将以考察实践为基础，对相关资料收集情况进行总结。

一、摸底调查资料收集

考察工作以县（或县级市）为单位，一般扎营进行，因此在考察团队进入现场之前，齐易、荣英涛先对当地"非遗"项目进行了摸底调查，包括了解、收集历史性资料和活态性资料。

历史性资料是过往的视、图、文记录，以文字记录为主。此类资料的收集以当地县文化馆已有资料为基础，辅以互联网所得资料和名著、志书等文献。其中，从当地县文化馆获取资料为主要途径，这得益于考察团队得到了当地政府（以文旅局为主）的支持，而县文化馆作为县域文化资源信息的集中地，在此可得许多不常见的资料。

活态性资料是齐易、荣英涛在历史性资料的基础之上，进入田野采访会社负责人，了解会社历史、人员构成、音乐等基本情况，并实时将采访内容以表格的形式文本化、电子化。至此，摸底调查资料收集完成，这些资料既是制订考察计划的依据，也是实地考察资料收集的基础。

二、实地考察资料收集

摸底调查完成后，要制订考察计划、组建考察团队，随后有序进入实地考察。实地考察的资料收集包括视频摄录、图片拍摄、文字记录三部分。视频摄录的内容包括演奏、表演、韵唱（念）、访谈和仪式等；图片拍摄的内容包括会社成员、乐器、乐谱、剧本、账本、服装、道具等；文字记录的内容包括会社成员个人信息、乐器信息、场记等。以上资料的收集，均以团队"作战"方式开展，即视频和图文资料配以总负责人，总负责人再依考察者专长（视频——影视专业，图、文——音乐学专业）分配相关任务。这种分工明确的团体"作战"利于考察者自觉、快速地

2015年7月29日，考察高碑店市丁家庄十番会，王树田乐师在韵谱

开展工作，既提高了考察效率，也保证了资料收集的质和量。

1. 视频摄录

一般视频摄录采用三个机位摄录，一个固定机位摄录全景，两个游动机位摄录特写镜头，三个机位同时呈现于视频导播台，由导播负责切换镜头，后期再经过剪辑将三个机位合而为一。乐谱韵唱（念）的摄录采用固定双机位拍摄，一个摄录乐师韵唱，另一个摄录乐师所指示的乐谱，后期将两个机位分屏合为一个画面，如此可将韵唱者和韵唱的谱字位置一一对应。仪式摄录，固定场地表演采用上述三机位；行街表演采用镜头稳定的小型手持摄像机，根据行街环境或全景或特写进行拍摄。前两类摄录以纪实为主，后一类在纪实摄录的基础上增加了一定的叙事功能。

2. 图片拍摄

为了全面记录会社情况，团队对会社的人、器、物也进行了专门拍摄。人物拍摄，通常会请会员带上与其会社身份相对应的器或物，并且至少拍摄会员单人照两张（正面半身照、全身照各一）和会社合照一张，前者是为了突出会员的会社身份，后者是为了出版所用。器、物拍摄，拍摄时器、物的纵、横两边辅以标尺（标明器、物大小），且器、物、谱四周留足够空白（便于后期加工），然后对器、物进行多角度的平面拍摄。以上图片拍摄，须选择颜色一致且与人、器、物有色差的背景，以突出人、物图像。此外，会社的表演、考察团队的工作情况等，也有专门的拍摄人员，以图片代替文字实时叙述实地考察所见所闻。作为资料收集，以上图

2015年10月31日，考察雄县高庄音乐会，张振涛（左）、郑娜拍摄乐谱

片拍摄以纪实为主，团队工作情况和会社的老物件等，则在纪实基础上进行艺术化拍摄，以备后期出版使用。

3. 文字记录

作为视频和图片资料的补充，还要对会社成员、乐器等情况进行文字记录。成员信息包括姓名、性别、出生年、入会年、擅长、师承、职业、文化程度、其他等，其中，姓名、性别、出生年依受访者的身份证填写，以防因方言或者其他原因出现错别字和出生时间记录错误；其他栏则包括会员有无亲缘关系传承、会社职务、社会身份等。乐器信息包括单件乐器的历史、材质、调高等和乐队编制，其中，以老乐器的情况为记录重点。以上信息由音乐学专业的学生，通过一对一采访

2021年8月，吴晓萍、朱仲毅向涞水县福山营村南乐会的吴志波乐师了解唢呐的演奏情况

会员完成。此外，还要有场记——记录演奏的曲目、表演的剧目和内容及其时长等，以给摄录的视频配相应文字，标明视频内容；场记还包括考察时间、地点、人员、任务等内容，以为考察手记撰写提供资料。

实地考察结束后，首先原样备份一份原始资料；然后对原始资料进行加工，如视频剪辑、图片选择和加工、文字规范等，以用于对外发布和出版。当然，无论原始资料还是经过加工的资料都须及时进行归档。

综上所述，因该考察用摄录方式全面记录传统音乐文化和与之相关的人、器、物信息，所以资料收集体现为视频、图片和文字三种形式；同时，考察以县为单位，涉及区域较大，相关音乐类“非遗”项目多，海量资料的收集与梳理，须多人协作共同完成，要确保资料收集的质与量。

文博在线

背景提示

当下，“文博”成为了一个热词。各地文旅中，文博游占比可观，这是一个值得引起我们思考的现象。

但在文博热之前，各地的博物馆、美术馆、图书馆，其实一直默默做了大量的工作，他们长期的努力，支撑起了一个博物馆的馆藏、研究、展示、互动等一系列的日常运营。而他们就是在这样日复一日的忙碌中，将精彩的展览呈现在大众面前，潜移默化地向社会和观众传播着我国的优秀文化。

文博人的日常就是把一件件展品的历史文化内涵和美感展示给我们。我们来了解一下文博人的日常……

一个美术馆仓库保管员的日常

王　犁

在同一个城市，总有一些和我常来常往的朋友，十几年来，陈纬算一个。

陈纬大我几岁，二十世纪六十年代出生的人，八十年代因为写诗，还获得过当时在浙江文坛分量颇重的诗歌奖，但他却没有由此走上文学创作的道路。陈纬没有正经八百地上过大学，但他职业经历丰富，当过医院勤杂工，开过书店，当过副乡长，还当过县文联副主席。年轻时这么多特殊的工作经历，加之喜欢读书、写字、画画，一路走到现在，做了浙江美术馆的一名仓库保管员。

我认识陈纬时，他已远离文学。在我看来，他的知识结构偏传统，阅读范围大概与传统书画诗文有关，他固执地认为很多东西与自己无关或是根本就看不上。记得我们在江边讨论过，艺术家怎么的固执、怎么的选择，都是成为怎样的艺术家的原因，但作为美术馆的从业者可不能“固执己见”。现代意义的美术馆作品收藏已经不再局限于“国油版雕”等传统意义“架上绘画”的范畴，美术馆从业者面对正在变化的世界，假如局限在以往的一己之好中，还怎么面对已经多元化的艺术，怎样在这纷繁复杂的当代艺术品中挑选出值得美术馆收藏的艺术品？假如陈纬还停留在来浙江美术馆前的观念之中，估计连吴冠中先生的水墨画他都无法接受。现在读陈纬的《回忆吴冠中》，我更多的是羡慕这家伙有近距离接触吴冠中先生的机会，从而忽视了一个美术馆人依靠自身的努力改变固有的认识，以更宽阔的视野来面对现代艺术的心路历程。

浙江美术馆有今天的影响，离不开自杭州国立艺专成立（1928 年）以来直到今天，中国美术学院老一辈艺术家作品的捐赠和收藏。我也曾向陈纬“通风报信”促

陈纬在工作

成了几件大宗的艺术家作品收藏入浙江美术馆。现在想想，于公于私都是让人欣慰的事情，一辈子要多么有福气才可以参与促成这样的好事啊！

多年前，我与陈纬身边的一圈人都喜欢朱豹卿先生，时常去串门看看朱先生，我算走动得最勤的。时间长、来往多了，得到了老人及其家人的信任，就开始与陈纬合计，是不是有可能让老人向浙江美术馆捐赠作品。这样的事，最直接的问题，首先是作者愿不愿意捐赠，第二个问题是美术馆愿不愿意接收。我与陈纬分头行动，我做朱豹卿先生及其家属的工作，他负责馆里的申请与学术评估工作，我们俩真有点“里应外合”的感觉，还好大家一片公心。朱豹卿先生的态度是愿意捐赠的，我现在还清晰地记得，朱先生带点微笑的表情，问我说浙江美术馆愿不愿意要。朱豹卿先生是个明白人，这种事情不是一方说了算的。朱先生表态，只要浙江美术馆愿意收藏，他所有的画随馆方挑。这时，我又要站在朱先生一方，考虑朱先生及其家属的利益，与陈纬代表的馆方协调。捐赠数量是馆方敲定的，捐赠什么则是我的主意，一半《豹卿写趣》里的作品，一半从朱先生家里的作品中挑，一共 160 件作品。陈纬等美术馆的朋友去交接作品时，朱豹卿先生已卧病在床。陈纬盯着朱先生床头边靠着的一个大镜框看，里面一张朱豹卿先生大学毕业时临摹的张大千的工笔人物画。我就跟朱豹卿先生说："这张也给美术馆吧，也让大家看看你早期人物画的作品。"朱豹卿先生眼睛闪亮地看了我一眼，稍作停顿，手一挥就把这张工笔人物画也捐赠给了浙江美术馆。朱豹卿先生过世后，陈纬撰文《"画隐"朱豹卿》以表达敬仰和怀念之意；我与朱豹卿先生有着不同常人的感情，于是写了一篇表示不同意传统意义"画隐"概念的短文《现在还有画隐吗？》发表在了《新民晚报》上。

坦率地说，我开始也不知道现代美术馆的功能与意义，借与陈纬等美术馆朋友的交往，慢慢知道了一个现代美术馆需具备收藏、研究、展览、公教等功能，而不同地方美术馆的收藏重心也不一样，比如浙江美术馆的收藏不仅指向浙江美术的过去，还指向浙江美术的未来。美术馆人跟画家或画家的家人协商作品收藏时，他代表的是美术馆而不是他个人，所有进入公立美术馆的作品都是国有财产，美术馆人的计较只是为了更合理地使用纳税人的钱。

陈纬还是个连环画爱好者，听说我认识连环画大家贺友直先生的女儿贺小珠，他就不停地跟我说要借机认识一下贺老爷子。我说我认识贺小珠的目的也是想见见贺老爷子，可十多年下来也没有见过呢。陈纬就有这个本事，把本来缓慢的进度加快了，我们很快就去浦江礼张村见了张海天和贺小珠，稍后浙江美术馆馆长与陈纬一行又很快到上海拜访了贺友直先生，由此促成了贺友直先生的作品在浙江美术馆的大展，这也为我创造了在贺老爷子的最后两年与他密切接触的机会。陈纬在《既

浙江美術館
ZHEJIANG ART MUSEUM

走街穿巷忆旧事

贺友直艺术展

THE EXHIBITION OF HE YOUZHI'S WORKS

主办单位

浙江美术馆

展览时间

2015 年 12 月 22 日—2016 年 2 月 28 日

展览地点

浙江美术馆四楼藏品专题陈列厅

《走街串巷忆旧事——贺友直艺术展》招贴

《岭上多白云——汪曾祺的绘画世界》招贴

2015年12月，陈纬与王犁在贺友直先生家中

见君子》一文中，留下了贺老爷子生动的画面。

我因为与丁正献先生的女儿丁衣衣老师住在一个小区，散步经常能碰到。有一次丁衣衣老师对我说："王犁啊，跟你商量个事，我爸爸的画，还有很多资料，还有我哥哥的画，放久了都脆了，以后就要碎成废纸了，怎么办啊？"我其实并不了解丁正献先生的艺术成就，只知道他有抗日战争时期在郭沫若当厅长的"三厅"的工作经历，早期作品大概可以纳入"抗战木刻"的范畴吧。丁正献先生长脸，高个子，我二十世纪九十年代在中国美术学院上学时期，时常看到他一个人到食堂打饭，独来独往不说话，根本想不到他是专业前辈。我就给陈纬说了一下，陈纬向馆长汇报后，浙江美术馆很快做出反应，让陈纬的同事刘颖出马——刘颖也是中国美术学院子弟，与丁衣衣老师熟上加亲，促成了丁正献先生作品和文献资料的捐赠事

2017 年 11 月，陈纬在台北何创时书法基金会洽谈合作交流

宜。不久，我又接到丁衣衣老师的电话。其实我上学的时候，丁衣衣老师在教务处工作，每学期期末考试巡视教室时，一脸严肃，像我这样的顽皮学生最怕她了。现在她在电话里像小孩一样问我："王犁啊，怎么办啊！学校有老师打电话来说，我爸爸在学校工作了一辈子，怎么不把东西捐给学校啊！"我虽然身在学校，但听到这样的说法，气不打一处来，就跟丁衣衣表达了我的意见："你爸爸的画都脆得快碎成废纸的时候，怎么没人打电话来？现在浙江美术馆接收了，就来电话了，不要理他们。"我一直以为美术馆是艺术家作品的最好归宿，当时的学校美术馆实际还处在陈列馆向美术馆的过渡阶段，并没有现在这样完善成熟的美术馆体系。丁正献先生捐赠作品展举办和一本高规格的作品集出版后，丁衣衣老师在小区再次碰到我，就一定要跟我拥抱一下。后来，她搬家时还把她爸爸丁正献先生用过的一方砚

台送给我作纪念。对陈纬来说，他虽然没有写过关于丁正献先生文献捐赠的文字，但在作为浙江美术馆仓库保管员陈纬做了很多工作。

陈纬在美术馆这些年，也促成了很多展览，其中汪曾祺、陈乐民的作品展应该说是独具特色的，也在他的美术馆生涯中留下了浓墨重彩的一笔。

明清以来，中国绘画的主流是文人画，文人画的主体是传统文人，他们在诗文之外，时以绘画抒发胸臆，明代董其昌捧出王维、苏东坡以为文人画的精神领袖，通过几百年的发展，文气已经成为中国绘画的基本审美标准，以至当代绘画仍然以文人画的评定标准为标准。二十世纪八十年代后期以反拨潮流为目的的“新文人画”兴起，而现代一流的文人又以绘画为闲暇余事，由此产生的这些作品，是否应该被美术馆所重视呢？陈纬因对汪曾祺文学作品的喜爱，爱屋及乌，也很喜爱汪曾祺的绘画作品，并由此开始重视现当代文人的绘画。为促成浙江美术馆主办“岭上多白云——纪念汪曾祺诞辰百年书画展”，陈纬费了很多的心力。陈纬曾撰写《岭上多白云——汪曾祺的绘画世界》一文，其中对汪曾祺绘画的价值有深入的阐述。

2018 年初秋，我正在福建屏南乡下带学生写生，突然接到陈纬的电话，他告诉我，10 月 23 日陈乐民先生的书画展将在浙江美术馆开幕，资中筠、阎连科、易中天等也会参加开幕式。一算时间，正好是我完成写生教学任务回杭的第二天。“士风悠长——陈乐民书画展”如期举行，除了陈纬提前告诉我的嘉宾，我还见到了宋以敏、陈徒手、傅国涌、范笑我等人。我跟陈徒手先生加微信时，告诉他我读他的著作后的感受，还一直以为他是个七老八十的老先生呢。当天下午在晓风书屋丝博店与阎连科等人聊天时，我还突然被告知晚上要让我主持阎连科先生《田湖的孩子》一书在晓风书屋体育场店的读者见面会。阎连科的读者见面会，可谓嘉宾、媒体、读者爆棚。本来资中筠先生没有发言的安排，阎连科先生还是希望资中筠先生可以说几句。资先生说起了陈乐民追悼会后，她捧着骨灰盒，阎连科开车把他们载回家的情景，还聊起了读完阎连科小说《丁庄梦》的感受。陈乐民先生书画展名为“士风悠长”，直接道出了陈乐民书画的内蕴。开幕式时，时任浙江大学副校长罗卫东也来了，那是我第一次听这位还不认识的老乡讲话，他对陈乐民、资中筠这样的前辈致以敬意，这也是士风悠长吧。后来才知道，正是这次开幕式与罗卫东的见面，后来促成了陈乐民著作在浙江大学出版社的出版，以及浙江大学对陈乐民文献的收藏。我在朋友圈看到陈纬拍的一张照片，是开幕式第二天在美术馆展厅里资中筠先生一个人安静地凝视着她丈夫的作品的情景。对于美术馆人来说这样的展览是多有意义的活动啊，而在陈纬的努力下终于落地了，陈纬这家伙确实是有福气的人啊。

2018年10月，资中筠先生在陈乐民书画展现场

我为什么清楚地记得那天展览的日期？因为那天正是我的生日，虽然我没有跟任何人说起，但自己暗暗窃喜，看陈乐民书画展、见到资中筠先生、给自己喜欢的作家主持新书发布，这辈子哪会还有这么有意义的生日？

跟陈纬熟悉最大的好处是可以蹭到美术馆展览的画册。一些找典藏部商谈捐赠展的家属赠送的画册，只要我感兴趣，他会帮助我多要一本。一次他给了我一本台湾历史博物馆印制的《朱龙盦 105 岁书画纪念集》，我从来没有听说这位高寿的渡海画家，一手四王山水，书法中和雅正，传统的调性十足，我就放在案头翻翻，居然一口气看完了纪念集里的所有文字与老人家的年谱。我有一本在台北旧书店购买的《金冬心评传》，作者朱玄是朱龙盦先生的长女，就想能否获得在大陆的出版授权。我看到浙江人民美术出版社出版了日本学者青木正儿写的《金冬心的艺术》一

2019 年 9 月，王犁与陈纬在温州美术馆为观众导览朱豹卿展览

书，我就跟当时浙江人民美术出版社的社长胡小罕说，台湾学者朱玄女士写的《金冬心评传》不输那本日本学者的作品。胡小罕收到我寄去的旧版书后说，假如可以获得版权，不妨一起出版以飨读者，也可以告慰海峡对岸研究中国传统文化的早逝才女。在陈纬的介绍下，我借假期去台湾之际在台北见到了朱玄女士的弟弟朱瓯先生，经朱瓯先生帮助最终得到朱玄女士女儿的授权，获得了朱玄的著作在大陆出版的授权。几年来，《金冬心评传》还在浙江人民美术出版社的编辑过程中，而朱玄女士的另一部著作《中国山水画美学》已经在浙江人民美术出版社出版了。

某次陈纬从台北回来，跟我说他见了何怀硕先生，听何怀硕先生聊了一下午，他告诉我一辈子最打动他的一次爱国主义教育是这次与何怀硕先生聊天。陈纬与何怀硕先生的认识与我有关。记得何先生来杭州参加林风眠的纪念活动，活动间歇由我作陪，但我不会开车，就想起了陈纬。实际上当对方感兴趣的外地朋友来杭时，我们都会相互介绍认识。给陈纬打电话时，他居然说，刚忙完库房的事，休息一下正准备继续读何怀硕先生的《大师的心灵》，没想到可以见到这位前辈，真是太好了。后来的几天都是陈纬开车带着何怀硕先生去西溪、去湘湖、去朱豹卿先生家，至今我还在想，当时他那么巧就在看何怀硕先生的著作吗，还是记得书名跟我胡诌。

才听陈纬说佟振国先生的画册就要出版了，他在后记中第一个感谢的就是我。佟振国是刘国辉、杜滋龄、王涛的同学，李震坚先生的研究生，毕业留校后创作的《国魂》和一些水墨写生作品为少年时的我所熟悉，二十世纪九十年代初去美国。我因参与吴山明先生在北京的中国美术馆个展工作，佟振国老师正好回国来看吴山明老师，由此我们认识的，留了电子邮箱也就有了联系方式。几年的电子邮件往来中他还告诉我，他就要从檀香山博物馆艺术学校退休，将在夏威夷的一个大岛上定居。在来回的交流中，我提起佟先生在国内画的那批水墨人物的去处、还留有多少，也告诉他，他的老师李震坚先生大部分作品都捐赠给浙江美术馆了，并介绍了浙江美术馆现在的情况。他也跟我说因为退休生活要做减法，也在考虑一些作品的去处。他一辈子最重要的三个城市是石家庄、杭州、北京，杭州对他来说感情最深。聊到这个程度，我自然就想到了浙江美术馆，下面的问题就是佟先生愿不愿意捐和浙江美术馆愿不愿意要。我又找陈纬，把佟振国先生作为浙派人物画第二代画家的学术成就和我看佟先生水墨人物画的感受，还有赵无极对佟先生作品的评价都说了一番。佟振国先生也整理了他愿意捐赠作品的图片。最终我们共同促成了这次捐赠。捐赠项目获得了国家文旅部的资助。

陈纬是温州人，对家乡的乡邦文化如数家珍。认识陈纬后，他不停地给我灌输关于温州的知识，从永嘉山水诗到宋明理学，到孙怡让等明清学者，还有夏鼐等近代学人，夏承焘、梅冷生、吴鹭山、徐堇侯等同乡士人的唱和，还有马公愚、郑曼青、方介堪与海上文化的关系，等等。

陈纬的《十年荆庐愿未了》是他着力颇多的一篇文章，让我们知道周沧米先生生命的最后阶段是怎么理性地安排自己身后事的："（周沧米先生）共捐献了国画 481 件、书法 19 件、水彩画 17 件、速写 2152 件、画稿草图 8 件，以及诗文稿、笔记等文献资料，共计捐献作品 2677 件。这是浙江美术馆开馆以来接受艺术家个人作品数目最大的一宗捐献，凝结着周沧米先生一生的心血。"我们上学时周沧米老师已经退休了，没有机会听他的课，但耳畔经常能听到周沧米先生的名字。吴山明老师倡议的活动常会叫上孔仲起、周沧米两位先生，我教学之余为活动帮忙时也接触过周沧米先生。现在看周沧米先生的速写，其造型能力、造型修养之高，放在哪个时代都是一等一的水平，在浙派人物画画家诸老中应该得到一定的地位，不为人关注非常可惜，还好他的作品留在了浙江美术馆，总有一天观众会给他一个公允的评价。

对旧式读书人的尊重，对文化艺术的热爱，确定了陈纬的底色，美术馆仓库保管员的日常工作又拓宽了他的维度。如今他从浙江美术馆退休了，但他的文字也为未来的有心人挖掘历史留下了忠实可信的第一手资料。

传承与创新交织的阅读盛宴

——河北省图书馆优秀传统文化典籍宣传推广

冉 华 张 楠

习近平总书记强调，要推动中华优秀传统文化创造性转化、创新性发展。图书馆是弘扬和传承优秀传统文化的主阵地，近年来，河北省图书馆致力于传承与弘扬优秀传统文化，积极探索各种活动形式，通过举办一系列精彩纷呈的宣传推广活动，为广大读者呈现了一场场传承与创新交织的阅读盛宴。

《诗经》典籍文化展和读者共迎诗意春节

为深入贯彻落实党的二十大精神和习近平文化思想，由河北省文化和旅游厅主

《诗经》典籍文化展

办，河北省图书馆（河北省古籍保护中心）承办，诗经斋协办的“诗韵满冀图，风雅颂燕赵——《诗经》典籍文化展”于 2024 年立春之日在河北省图书馆“云水展廊”隆重开展。《诗经》典籍文化展作为图书馆宣传推广活动的亮点，旨在为读者提供更加多元的阅读体验，丰富人民群众春节文化生活，共同推动中华优秀传统文化创造性转化和创新性发展。

《诗经》是我国最早的一部诗歌总集，历朝历代均有大量学者对其进行研究和阐释，至今保留了许多版本。作为儒家的重要典籍，《诗经》在古代社会还承担了重要的教化功能，对中国古人的思想和审美产生了深远的影响。其中的词汇广泛用于生活、学习等各个方面，反映了儒家经典对百姓生活深刻的影响。

展览精选《诗经》历代珍贵古籍 64 部、相关器物 69 件，按照《风》《雅》《颂》的顺序，以典籍与实物相结合，展示《诗经》的丰富内涵和深厚意蕴。其中珍贵典籍包括明刻本《诗经》（八卷）、《叶太史参补古今大方诗经大全》（十五

《诗经》展志愿讲解服务

卷）、清刻本《诗经应试拟题要解》（四卷）、《毛诗草木鸟兽虫鱼疏》（二卷）等；代表性器物有“关雎”暗八仙纹鎏金匾、“穆如清风”环纽青铜印、“三多九如”银锁、“齐家宜室”贺喜牌等。通过展览展示与讲解，让观众更加深入了解《诗经》在文学史上的重要地位，感受中华优秀传统文化的博大精深。

传统技艺展示为读者提供多元化体验

为了让读者更加深入地感受中华优秀传统文化的魅力，河北省图书馆还安排了古籍修复和碑帖传拓等传统技艺展示活动。这些活动不仅让读者亲身感受到了传统文化的独特魅力，更让他们对中华优秀传统文化的博大精深有了更深刻的认识。

传统技艺展示

图书馆作为公共文化服务的重要机构，除了提供借阅和阅读服务外，还应该承担起推广和传播文化的责任。河北省图书馆增添了新的服务项目和活动形式，吸引了更多的读者和参观者，如古籍修复和碑帖传拓等技艺的展示。这些活动通过多元化的服务内容，不仅丰富了读者的文化生活，也提高了图书馆的社会影响力和知名度。

展览展出期间，每天有工作人员进行现场讲解，向观众介绍各个《诗经》版本和相关的银器、铜器、瓷器、婚书等《诗经》文化元素器物，通过讲解员的生动描述和阐述，观众可以更加深刻地感受到《诗经》中的诗意和情感，更加深入了解《诗经》对传统社会的深刻影响，进而产生阅读的意愿和兴趣。图书馆通过讲解活动促进了与读者互动交流，也很大程度提升图书馆的文化服务功能。

连续五年举办中华传统晒书活动

多年来，河北省图书馆举办的晒书活动都是一项富有传统韵味和文化意蕴的盛事。这项活动不仅体现出河北省图书馆对古籍的珍视，更能体现出河北省图书馆对中华优秀传统文化的弘扬与展示。从 2019 年河北省首届晒书活动开办至今，河北省图书馆始终坚持为读者服务的理念，邀请了专家学者、藏书家等各界人士共同分享古籍背后的故事，注重活动的互动性和参与性，让古籍活起来吸引了大量读者的关注与参与。

2019 年，河北省图书馆举办了“相约冀图 共赏古籍之美——河北省首届晒书节”。展示公藏和私藏古籍珍品 62 部、全省古籍保护成果几十项，并在现场安排古籍修复、碑帖传拓技艺展示，吸引了省内各界人士的广泛关注，国家及省、市各级媒体纷纷报道。

2019年晒书活动

2020 年，河北省图书馆邀请北京、天津古籍藏家，共同举办了河北省第二届晒书节暨民间晒宝大会。活动通过晒书展览、藏书故事分享等环节，以现场直播和录播相结合的方式，向观众展示珍贵古籍，讲述有趣的藏书故事。此次活动所展出的古籍包括唐代中期敦煌写经、北宋版佛经《毗卢藏》、宋刻本《通鉴纪事本末》等 36 部珍贵古籍，活动对传播古籍知识、传承经典文化有积极意义。

2021 年，河北省图书馆成功举办了“迎七夕 晒经典”河北省古籍保护中心第三届晒书节——《永乐大典》的回归和再造展暨馆藏《中华传统文化百部经典》晒书活动”，同时在线上推出“珠还合浦 历劫重光——《永乐大典》的回归和再造”展，线下展览出馆藏古籍中《中华传统文化百部经典》四十余部。河北广播电视台对此次活动进行了专题报道，文旅中国、河北省文化和旅游厅公众号、今日头条也进行了报道。

2020 年晒书活动论坛

2021 年晒书活动木板水印技艺展示

2022 年，河北省图书馆成功举办“晒珍宝 · 展技艺 · 赏笺纸 · 抒雅怀——河北省第四届晒书活动”，此次活动分为两个部分，活动当天上午是藏家晒珍品、讲故事，活动展出了许多宋元版古籍、雕版板片、珍贵书笺、名人手札等藏品，并由藏家讲述藏品背后的故事；下午活动邀请省会学者举办了“赏笺纸抒雅怀暨尺素文心——笺纸交流分享会”。活动还安排了古籍修复、碑帖传拓、木板水印等现场技艺展示，带领观众了解古人晒书传统，展示中华优秀传统文化的独特魅力。

2023 年河北省图书馆举办了“一船明月 大运流芳——河北省第五届中华传统晒书活动”。活动共分为四部分内容：第一部分展出大运河珍贵文献和地图，包括民国版《冀南区卫运河全图》和《运河纵剖面图》等；第二部分展出运河两岸历史名人相关的珍贵典籍，包括《纪晓岚烟斗全形拓》、清刻本张之洞的《辅轩语》、明刻本董仲舒的《春秋繁露》等；第三部分展示历史人物在大运河河北段留下的诗

2023 年晒书活动观众参观展览

歌；第四部分展示近年研究成果。为了提升活动效果，河北省图书馆还举办了中华传统技艺展示活动、大运河藏品故事分享活动，全方位向公众分享古籍知识、宣传大运河文化。

河北省图书馆的晒书活动是一项具有深远意义的文化盛事。这些活动不仅是古典书籍的展示和交流，更是优美传文化的分享与传播，让传统文化典籍焕发出新的生机，吸引了越来越多的读者走进图书馆参与到传统文化的传承与创新中来。

河北省图书馆在优秀传统文化典籍宣传推广活动中，始终坚持以读者为中心的理念，注重与读者的互动与交流。河北省图书馆通过举办《诗经》典籍文化展、晒书节等一系列宣传古籍的阅读推广活动，不仅让传统文化典籍得到了更好的传承与弘扬，也让读者更加深入地了解和感受到了传统文化的独特魅力。在未来，河北省图书馆将继续举办更加丰富多彩的文化活动，为滋养民族心灵、培育文化自信做出更大贡献。

彩韵童心　与城市一起成长

——石家庄美术馆少儿美术展览策划变形记

陈　磊

“彩韵童心”是石家庄美术馆针对在地城市少年儿童举办的美术专项品牌展览。展览以制度化方式运作，并于每年六一儿童节前后推出。展览规模覆盖本馆几乎全部非常设展厅，由此也可见美术馆对少儿美术教育、培养与服务的重视。自 2021 年举办第一届开始，“彩韵童心”展览便探索丰富的合作模式，并进行自主策划。

以下着重介绍本馆自主策划的“彩韵童心”系列的部分展览。

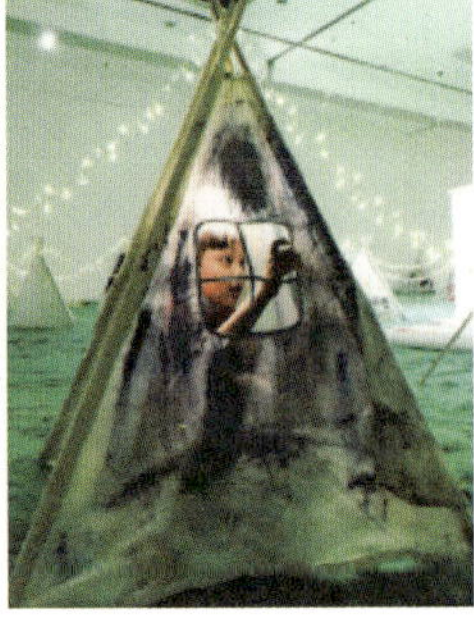

活动现场

2021 年，本馆举办第一届“彩韵童心”展览，并启动跨越十年周期的少儿涂鸦单体创作项目——“时光长卷”，该项目以布面长卷的形式结合艺术进校园和现场互动的参与方式，每年由不同标准选定的本市儿童进行专题涂鸦创作，每年完成长卷的一段。孩子们可以在长卷上进行涂绘，并写下自己的名字、年龄等信息，还可以写下给未来的自己的祝愿。如此而每年不间断由小朋友接力画下去，直至 2031 年项目完结。这样创作出来的作品如同“时间胶囊”一样，在时光轮转中贮藏宝贵的童年岁月和供未来回述的原点。

2022 年，本馆策划“彩韵童心”少儿美术作品特别项目——美术馆露营地&端午季，特别引入了石家庄市特殊教育学校视障儿童的雕塑作品，以彩色盲盒形式呈现，并采用盲文点导览系统及互动游戏，推进“时光长卷”第二年的绘制与展出。

活动现场

『我们的季节』雨水

我们的季节『春神』

此次“时光长卷”的创作活动，除了邀请部分小学生参与外，还邀请了视觉障碍特殊教育学校的学生参与，他们非常吃力地辨认画面和材料，却在摸索中绘制出了自己所认知的大千世界，表现出了他们的生动活泼和内心的阳光，画面感人。他们创作的雕塑多为彩色黏土作品和陶瓷小件，所以我们在展陈设计上采用涂成彩色的鞋盒拼成满墙的“盲盒”作为展柜收纳，同时安排覆盖台布的互动展柜，让没有视觉障碍的孩子在无法观看自己手中雕塑的情况下进行“暗箱操作”，从而体验视障儿童了不起的创造力。

“美术馆露营地”是在本馆宽阔的展厅里营造出多个小岛，并在由绿色地毯构成的岛屿上搭建起孩子们涂鸦的一顶顶帐篷，再用彩灯串连各个帐篷形成社群。孩子们通过参与活动感受个人与集体的关系，并在炎炎夏日中感受忽明忽暗的日夜轮转（灯光效果），聆听莺啼虫鸣（音响播放），“时光长卷”在此单元以天河瀑布形式吊挂落地延伸呈现，由此将时间元素注入其中。

2023 年，本馆设计、策划并组织实施了“彩韵童心”少儿美术作品特别项目——“我们的季节”大型二十四节气主题互动壁画，由本市小学、幼儿园学生涂色的色卡图案共 5558 张拼成，参与者包括石家庄市特殊教育学校听障儿童等。特殊教育学校的视障儿童还参与了“时光长卷”第三年的创作活动。

“我们的季节”专题展区在第一展厅（美术馆最大的单体展厅）。展览中展示的壁画“生生长流——我们、万物或时光的圆圈”内容对应二十四节气，与展览空间叙事相结合，体现出中国传统文化的深刻内涵，并突出中国特有的自然观、人文观与审美观。

2024 年本馆举办的“彩韵童心”与本市的儿童福利院、部队医院附属幼儿园和城中村合办小学我们开展进校园活动，以重视儿童心理健康、展示传统手工制作和拥军爱民为主要内容合作，以“起飞的鱼”和“鱼化龙”为主要意象构建了主题展

『我们的季节』大型二十四节气主题互动壁画

『我们的季节』谷雨

厅，并由学生进行扇面、瓷器、面具、门环等传统器物的手工制作，展览中不同的立体作品也丰富了绘画之外展示效果。

一年又一年，“彩韵童心”项目与全市的孩子们一起成长。他们既是展览的观众，也是展览作品的创作者，在一年一年的互动中，留下了我们共同的喜乐与美好回忆。

助农

联动

背景提示

助农联动是指各个领域、各个行业的力量相互合作，形成合力，共同推进解决“三农”问题。多方联动的优势在于各个领域及各个行业可以充分发挥各自优势，从而进行有机协作。

随着乡村振兴战略的推进，各领域、各行业之间的交流和合作来越频繁。在这样的背景下，许多领域和企业进行相互合作成为主流方式，由此实现多方共赢。

近年来，多方联动的形式越来越多样化，既可以是国际组织之间的合作，也可以是政府、企业、学术机构、非政府组织等各种力量的合作。

京剧艺术需要重新扎根农村

曹世英

京剧艺术作为中国传统戏曲之一，自诞生至今已有数百年的历史。作为中国传统文化的瑰宝，京剧艺术早已传播到中国的各个角落，并深刻影响着人们的生活。京剧以其精湛的表演艺术和丰富的文化内涵，吸引着众多观众和艺术爱好者。然而，随着城市化进程的加快和信息化技术的普及，京剧在乡村的传承和发展却面临着困境。于是，我们不得不思考：京剧的根究竟在哪里？如何能重新扎根农村，使这一传统文化艺术得以继续传承和发展？接下来，我们将从不同的角度对这些问题展开讨论。本文将列举几个在乡村传承发展京剧艺术的典型案例，希望能够引起更多人关注，并支持京剧在农村的振兴。

一、京剧的根在农村

经常有人误以为，京剧是贵族赏阅的艺术，其实不然，京剧艺术来自民间，受滋养于乡土社会。京剧的源头是民间文化，而且在京剧形成的过程中，一直是以民间艺人为创作主体，在艺术特点上，也有很强的民间性。

从剧种的形成看，京剧是在徽剧、秦腔、汉剧等地方剧种的融合中形成的。徽剧、秦腔、汉剧等都是民间艺术形式，京剧吸收了各家之长而自成一家。从剧目来源看，京剧的剧目也有显著的民间文化的特点。《京剧剧目初探》编收的剧目有 1258 个，来源主要是演义、小说以及评书、宝卷、鼓词等通俗文艺。有专家统计，京剧剧目中与川剧、湘剧、豫剧、梆子等相同的剧目有 890 余个；与汉剧、秦腔、徽剧等相同的剧目有 560 余个；与传奇剧相同的剧目有 150 余个；与杂剧相同的剧目有 60 余个；而昆曲与京剧相同的剧目仅有 30 余个。与其他地方戏不同的是，京剧经历了徽班进京的特殊历程，并有文人仕宦的参与，京剧的艺术成就从而超越了在它之前地方戏，但这并没有改变京剧的民间文化属性。

京剧传承了古代农耕社会的价值观念和审美情趣，剧目情节描绘的也多为农耕文化的场景和情感体验，同时农村乡民也是京剧表演的主要受众群体，还体现了京剧根植于乡土文化传统的特点。

二、京剧兴于城市

戏曲的每一个繁荣时期，都是以城市为中心的。全国各地方剧种的成长成熟经历也都大致相仿，在没有进城之前，它的舞台可能是庙会、简易草台，进入城市后逐渐发展成为一种综合程度很高的剧场艺术。中国戏剧艺术如此，外国亦然。

京剧兴起于四大徽班进京，京剧因城市而辉煌。然而随着现代社会的不断发展和城市化进程的不断加速。

京剧下乡演出

城市居民从以农业文明的价值取向和审美取向为主，转向以工业文明和现代化的价值取向和审美取。传统京剧的地位渐渐弱化。中国京剧要想在现代城市里重新繁荣，必须与现代城市居民的审美相融合，不断创新发展，适应现代人的审美需求和生活方式，将京剧这一传统艺术形式融入现代城市文化的发展中，实现传统文化与现代城市生活的和谐共存。

三、京剧要重新在农村扎根

京剧在城市里吸引力已经逐渐变弱，在农村地区的衰败更是断崖式的。

农村作为中国传统文化的主体，具有得天独厚的条件去传承和保护京剧艺术。首先，相对于城市，农村生活节奏较为缓慢，农村居民更有时间和精力去参与京剧的学习和传承。其次，在农村地区，人们对传统文化的认同感更强，更愿意传承和保护京剧这样的文化遗产。农村的传统社会结构和民间文化传统也为京剧的传承提

供了有利条件。

为推动中国京剧艺术在农村地区的传承和保护，国家出台了一系列的扶持政策，各地进行了许多卓有成效的探索。在此列举一些成功的案例，提供给大家，以资借鉴。

案例一：三余故里——央地共建，打造京剧寻根访祖朝圣之地

京剧从哪里来，到哪里去？这既是戏曲艺术之问，也是时代之问。带着为京剧寻根的历史使命，国家京剧院与罗田县人民政府开创“央地共建”的合作模式，打造京剧小镇，设立国家京剧院创作基地、研究基地。湖北省罗田县是著名京剧“三余”——余三胜、余紫云、余叔岩的故乡。在罗田推进了一系列项目：创排新编京剧《余三胜》、召开余三胜和余派艺术研讨会、在《中国京剧》设置专刊、专栏研讨余三胜和余派艺术、设立京剧考级点、举办京剧艺术票友节、推动京剧文化元素与罗田文化旅游事业的结合等。旨在充分挖掘和利用罗田县的京剧历史人文资源，为京剧爱好者和戏迷们建设一个“朝圣”之地。

罗田县的央地合作模式，不仅有助于传承和发扬京剧文化，同时也促进了当地旅游文化事业的发展，是文化赋能乡村振兴的一个典范。

案例二：中国京剧村——民营资本推动京剧艺术传承发展

“中国京剧村”位于河北省广宗县北塘疃镇常阜村，是一个以京剧展演、教学、交流为核心，集农业、文化、旅游为一体的特色乡村文化振兴示范项目。常阜村有 1700 多人，其中京剧爱好者超过 1000 人，具备表演能力的有 200 多人，且行当角色齐全，乐队文武场齐备，具备独立演出能力。广宗县委、县政府充分利用这个独特的人文资源，规划并实施了“中国京剧村”建设。这不仅为京剧艺术在乡村的传承发展提供了舞台，更是文化软实力助力乡村振兴可持续发展路径的有益探索。

中国京剧村 建设中的京剧大院

该项目由河北省数字赋能乡村振兴研究院协助县委、县政府，组织贵州省台盘村“村 BA”和贵州省榕江县“村超”的规划团队，对“中国京剧村”作了系统的规划。优质的规划有效提升了项目的吸引力和可持续性，政府的引领则为项目提供了政策支持和运营指导，这两者共同作用促进了民间资本的积极投入。目前，占地6000 平方米的京剧大院已由一个民营企业投资 500 万元承接建设。

案例三：以业留人，企业助力保护京剧艺术人才

二十世纪八九十年代是京剧院团解散消亡的集中期，大批的专业演员失业或转行，人才的流失让京剧艺术瞬间丢掉了文化阵地的引领地位。那时候有许多有文化情怀的企业伸出援手，承接了大批的京剧人才。河北省宁晋县纺织集团（以下简称宁纺集团）就是个突出的典范。宁晋是冀南地区戏曲文化的源头之一。当地农村戏班活跃，人才济济。新中国成立后，全县有农村俱乐部 23 个，业余剧团 99 个。20

世纪 80 年代末县京剧团和 30 多个业余京剧团都随着时代的大潮而消亡了。这个时期，宁纺集团将大批的专业和业余京剧演员纳入编制，为这些京剧人才解决了就业，提供了生活保证。同时，集团还成立了业余京剧团，为这些京剧人才提供了艺术生命延续的舞台，京剧艺术也成了宁纺文化的重要组成部分。30 多年来，宁纺集团用情感树起了京剧艺术在农村传承和发展的大旗，不但享誉了业界，也为京剧艺术在农村地区的再度弘扬奠定了丰厚的基础。目前，宁晋县仍然有票房、剧社 40 多个，京剧会员 500 多人，京剧仍然是宁晋县民间文化活动的重要元素。

企业“以业留人”助力京剧艺术传承发展在现代社会具有重要意义，这不仅有利于京剧人才的保护，也为地方文化的繁荣提供了有力支持，促进了京剧艺术在农村地区的弘扬和再度发展。对于企业而言，通过文化产业的支持和培育，也可以增强企业的文化影响力，实现经济效益和社会效益的良性互动，这是个一举多得的举措。

学院牵手地方　互动频频为哪般

吴照魁

近年来，河北东方学院文物与艺术学院，与地方企业互动频繁，牵手组织了一系列活动。

我文物与艺术学院是汇聚文化遗产、文物与博物馆学、文物保护与修复、环境设计、中国画、书法学等学科的专业的二级学院。文物与艺术，顾名思义，就是一个不怎么接地气的学术门类，社会上大多数人认为，这是一个与考古、文物、美术、工艺、音乐、影视之类相关的院校。这种专业门类，似乎与地方企业相距十万八千里，好比蓝天白云与土地庄稼，怎么看都不搭界。

但是我们却在学院与企业二者之间，找到了契合点。近年来，我院与固安楠兮

吴照魁院长参观固安楠兮旅游的特色展厅

旅游发展有限公司、正定吴兴村田园综合体等单位，牵手合作，并在进一步拓展合作领域。

有人可能要问，合作目的是什么呢？

目的，目的就是为贯彻落实高校毕业生拓岗促就业，建立校企间长期深化合作机制。

固安位于河北省廊坊市，地处华北平原京津保三角腹地，作为首都“一轴三带”轴心区，距北京天安门仅 50 公里，紧邻北京大兴国际机场，被誉为“京南明珠”。丰富的历史文化遗产、自然景观与美食特产，以及优越地理位置，使其成为了京南旅游热点。固安楠兮旅游发展有限公司就是这样一个让游客看得见泥土、闻得见花香、记得住乡愁、复苏集体文化记忆的企业，这样田园诗趣的经营理念，恰恰与我们文物与艺术学院的气质相合。

正定县吴兴村田园综合体，则是现代农业园区。吴兴村先后获评“全国乡村治理

固安夕照

示范村”“中国美丽休闲乡村”“河北省乡村旅游重点村”等十余项国家级、省级殊荣。吴兴村是习近平总书记在正定县工作时亲自抓的“连茅圈”改造工作试点村。1982年10月20日，习近平同志在吴兴村主持召开了文明村试点工作座谈会，提出了文明村建设意见。正定县精神文明建设由点到面在全县铺开，掀起了创建文明村和文明单位活动热潮，开创了“两个文明”并蒂花开的新局面。吴兴村田园综合体已经建成集旅游观光、耕读体验、农产品销售为一体的乡村文旅产业，年接待游客量达100万人次。

如果说，固安楠兮旅游和吴兴村田园综合体都是为了游客获得美好的旅游体验，而我们文物与艺术学院则是为旅游提供理论与学术支撑。我们学院牵手前二者，形成完美闭环，实现理论与实践的结合。两家单位为学院学生提供了实习和就业的天地，学院为两家单位输送新鲜血液，注入澎湃活力并给予理论与学术支持。

扎实推进2024届毕业生就业工作，进一步增加就业岗位、拓宽就业渠道，文物艺术学院秉持“高质量就业”的指导思想，积极开展“访企拓岗促就业”专项行动。4

吴兴古城樱花小镇拥有全国最长里程的观光小火车

月9日上午，我院曲建英书记、部分老师及本人一行，走访了固安楠兮旅游发展有限公司，以期更好地对接企业需求，为毕业生提供更为精准的就业指导和服务。

我院就学院建设、2024届毕业生的生源信息、当前的学生就业情况以及前景蓝图等，作了固安楠兮旅游发展就公司的发展历程、项目建设的进展情况以及人才招聘的策略和成果等进行了详尽的介绍和阐述。双方达成共识，一致认为，进一步沟通和交流是有益且必要的，希望以此次走访交流为契机，不断加强双方互动合作，实现聚合力、共谋发展、促进共赢，在人才培养及人才招聘等方面寻求校企合作，促进双方共同发展，共同绘制未来发展的蓝图。

通过与地方、企业的不断互动，让地方、企业加深了对我院的了解，也为我院莘莘学子开拓了就业岗位。同时通过校企深入交流，也让文物艺术学院更加精准地把握了产业行业的发展趋势，了解用人单位的人才需求，为文物艺术学院学科专业布局调整优化、修订人才培养方案提供了参考。

吴照魁院长在吴兴考察吴兴樱花小镇

原野
牧笛

背景提示

我们为什么会有挥不去的乡愁？

作家阿来说："如果你在一个地方没有了亲人与朋友，即使这个地方就是你的家乡，也会在心理上成为一个陌生的地方。"

乡土社会是一个安稳的社会，也是一种安稳的生活追求。那些土生土长的记忆，随着我们远离故土的脚步而出走、流浪，成为了乡愁。

乡愁挥不去，那些承载着我们记忆的乡土和村庄，在文字里成为我们心灵的净土，在忙碌的间隙，使我们获取些许慰藉和片刻安宁……

土地与庄稼的联想

阿　来

在远离故乡很远很远的地方，我看见一望无际的玉米亭亭玉立，茎并着茎，叶与叶互相摩挲着絮絮私语，它们还化作一道道的绿浪，把风和自己的芬芳推到更远的地方。在一条飞速延展的高速公路两边，我的视野里始终都是让人心安的景象。

我在车窗上用哈气描画一个个汉字。

这些象形的字在几千年前，就从这块土地上像庄稼一样生长出来。在我脑海中，它们不仅仅是今天在电脑字库里的模样，而是它们刚刚生长出来时候的模样，刚刚被刻在甲骨之上的模样，刚刚被铸刻到青铜上的模样。

土。最初的样子就是一棵苗破土而出，或者一棵树站立在地平线上。

田。不仅仅是生长植物的土壤，还有纵横的阡陌，灌渠，道路。

禾。一棵直立的植株上端以可爱的姿态斜倚着一个结了实的穗子。

车窗模糊了，我继续在心里描摹从这片大地上生长出来的那些字。

我看见了那些使这些字有了生动形象的人。从井中汲水的人。操耒犁地的人。以臼舂谷的人。

“爰采麦矣？沬之北矣。”

眼下的大地，麦收季节已经过去了，几百年前才来到中国大地上的玉米正在茁壮生长。那些健壮的植株上，顶端的雄蕊披拂着红缨，已然开放，轻风吹来，就摇落了花粉，纷纷扬扬地落到下方那些雌性花上。那些子房颤动着受孕，暗含着安安静静的喜悦，一天天膨胀，一天天饱满。待秋风起时，就会从田野走进农家小小的仓房。

晚上，住在淮阳县城湖边的宾馆，浏览东道主精心准备的文化旅游菜单，就可以闻到从窗外飘来湖水和水生植物滋润清新的气息。

饭后漫步县城，规模气氛都是那种认为农耕已经落后，急切地要追上全球化步伐的模样——被远处的大城市传来的种种信息所强制、所驱迫的模样。是一个以农耕供养着这个国家，却又被这个国家所忽视的那些地方的一个缩影。

正是这样的存在让人感到安全。道理很简单。中国的土地不可能满布工厂。中国人自己不再农耕的时候，这个世界不会施舍给十几亿人足够的粮食。中国还有这样的农业大县，我们应该感到心安。国家有理由让这样的地方，这样地方的人民，这样地方的政府官员，为仍然维持和发展了土地的生产力而感到骄傲，为此而自豪，而不因另外一些指标的相对滞后而气短。让这些土地沐浴到更多的政策性的阳光。

我相信利奥波德所说："人们在不拥有一个农场的情况下，会有两种精神上的危险。一个是以为早饭来自杂货铺，另一个是认为热量来自火炉。"其实，就是引用这句话也足以让人气短。我们人口太多，没有什么人拥有宽广的农场，我们也没有那么多森林供应木柴燃起熊熊的火炉。更令人惭愧的是，这声音是一个美国人在半个多世纪前发出来的，而如今我们这个资源贫乏的国家，那么多精英却只热衷传递那个国度华尔街上的声音。

我曾经由一个翻译陪同穿越美国宽广的农耕地带，为的就是看一看那里的农村。从华盛顿特区南下弗吉尼亚常常看见骑着高头大马的乡下人，伫立在高速公路的护坡顶端，浩荡急促的车流在他们视线里奔忙。他们不会急于想去城里找一份最低贱的工作，他们身后自己的领地那么深广：森林，牧场，麦田，相互间隔，交相辉映。也许他们会想，这些人匆匆忙忙是要奔向一个什么样的目标呢？他们的安闲是意识到自己拥有这个星球上最宝贵的东西的那种自信的安闲。就在不远处，某一座小丘前是他们独立的高大房子，旁边是马厩与谷仓。在中部的密西西比河两岸，那些农场一半的土地在生长小麦与大豆，一半在休息，到长满青草的时候，拖拉机开来翻耕，把这些青草埋入地下，变成有机肥让这片土地保持长久的活力。

从那里，我获得了反观中国乡村的一个视点。

我并不拒绝新的生活提供的新的可能。但我们不得不承认，城市制造出来的产品，或者关于明天，关于如何使当下生活更为成功更为富足的那些新的语汇，总是使我们失去内心的安宁。我们现今的生活已经不再那么简单了。以至于很多的东西不能用一个字来指称，而要组成复杂的词组。词组的最后一个字都是“化”。城市化，工业化，市场化，商品化，全球化。这个世界的商业精英们发明了一套方法，把将要推销的东西复杂化，发明出一套语汇，不是为了充分说明它，而是将其神秘化，以此十倍百倍地抬高身价。

粮食危机出现了，但农业还是被忽视。这个世界的很多地方饿死人了，饿死的多半是耕作的农民。比如，我们谈论的印度，不是说旱灾使多少人饿死，多少农民离乡背井，大水又淹没了多少田野，对于这个疯狂的世界，这是可以忽略不计的大概率事件。媒体与精英们最热衷的话题是这个国家又为欧美市场写下了多少软件，这些软件卖到了怎样的价钱。不反对谈论软件，但是不是也该想想那些年年都被洪水淹没的农田与村落，谈谈那些天天都在种植粮食却饿死在逃荒路上的人们？或者当洪水漫卷，国家机器开动起来救助一下这些劫难中的供养人时，城里人是不是总要以拯救者的面目在乡村出现？

离开淮阳前，我又去龙湖边漫步。氤氲的水汽，水生植物勃勃生机，“有蒲与荷”，“有蒲与莲”，让人心灵也丰沛而滋润。因为这宽广的土地，这土地上蓬勃茂盛的庄稼，因为这丰盈之水，短暂的淮阳之行值得永远忆念。

后记

从“诗经”到“非遗”

贺　疆

《乡村振兴观察》第二辑截稿时，时逢芒种节气，麦熟季节。广袤的大平原，金灿灿的麦田，红色的收割机在麦田里穿梭，田间地头，田地主人和装粮布袋一起站在地头等待，有一种悠然闲适之感。

记得小时候，每到麦收季节，家家户户全上阵，起早贪黑。大人在麦田里挥动镰刀收割，挥汗如雨。小孩子们送饭送水，拾麦穗。收割好了，要在打麦场上打麦，压场、扬场，然后是晾晒、入仓、交公粮。割麦子时，怕下雨，一下雨，麦子倒伏生芽，一年辛苦白费了。也怕刮风，风一过，麦穗磨掉了麦粒，麦子减产，一样叹息一声。打场时又盼着有风，有风才能扬场，麦粒才能干净，储藏不生虫。依旧不希望下雨，天气干燥才好晾晒麦子，除去水分。颗粒入仓了，农人们又忙着翻地，准备撒籽种豆，这时候又希望赶紧下雨，这样就利于下一季的粮食作物的播种和生根发芽生长。十来天时间，要完成这么多项农事活动，想想就紧张，也就明白了“抢麦”这一说辞的确切，可不就是跟天时跟气候抢吗？直到今天，想起麦收季节，就觉得又热又扎，但又充满了收获的喜悦。时光荏苒，曾经的记忆，定格下来的是充满诗情画意的农忙场面。

用诗与画来定义我对麦收的记忆和感受，这并不是我的首创。在先秦时期的诗歌总集《诗经》中，就有相关的描述。《诗经》中的诗句反映了西周初期至春秋中期的社会生活、民俗风貌等方方面面，是研究我国农耕文化的重要文献资料。

《诗经》的农事诗，有广义、狭义之说。广义上讲，《诗经》里的农事诗都来自民间采风，反映农业社会生活的不同侧面，都属农耕文化范畴。狭义上讲，则是指《诗经》里直接或间接反映农事的诗歌。我们通常所说的农事诗，主要是狭义层面的。

《诗经》中较为重要的农事诗有：《豳风 · 七月》，《小雅》中的《楚茨》《信南山》《甫田》《大田》，《周颂》中的《臣工》《噫嘻》《丰年》《载芟》《良耜》等。通过这些诗歌，我们可以了解古人的春耕、夏耘、秋收、冬藏等各个季节的农事活动，以及与之相关的自然景象和社会风情，感受到农人们的辛勤劳作，以及他们对丰收和美好生活的向往，也可以窥见周代农耕社会的真实面貌和当时人们的生活状况及精神风貌。

比如，《周南 · 芣苢》三章十二句，只有六个动词——采、有、掇、捋、袺、襭，表示动作的不断变化，却给人一种简单明快、往复回环的音乐感，传达出采芣苢之人满载而归的欢快心情；《魏风 · 十亩之间》写了一群妇女采桑收工时的欢快情绪；而《噫嘻》《载芟》《丰年》《良耜》《楚茨》《信南山》等，则多描写农事丰收与祈谷、藉田、祈福、酬谢等相关的农事祭祀活动。丰收、祈福的农事活动，既神秘又欢乐，充满神圣感和仪式感。在今天，我们依旧能看到很多盛大的民俗活动，缤纷多彩，严肃而生动。那些民俗活动里，还在演绎着与农事相关的民间艺术，令人叹为观止。

马克思说："物质生活的生产方式制约着整个社会生活、政治生活和精神生活的过程。"在生产力水平相对较低的情况下，依天时而立的农耕活动，人们无法凭借自身力量控制自然、支配自然，只能寄希望于天神、祖先的庇护。因此，先秦时期乃至后来很长的一段历史时期，围绕农业生产活动而衍生、展开的社会生活方式和形式就显得举足轻重。而这些农耕民俗流传到今天，就成为了我们的非物质文化遗产。

“非遗”，有着强大的文以化人的礼乐作用，蕴含着先民在劳动、生活中产生的对生命、天地自然的敬畏。活态是“非遗”保护的核心，没有了活态，“非遗”便会消亡。“非遗”的活态包括两点：一是这种“非遗”还在人们的生产生活中发挥作用，二是“非遗”相关的技艺还在传承。通过“非遗”，我们不仅可以看到我们的过去，也可以更深入地理解今天。

2024 年自元旦至今，春节、元宵节、清明节、端午节，全国各地民俗活动精彩不断，“民俗+非遗”成为各地旅游的热门。旅行相关数据显示，今年“五一”期间，古城古镇打卡、非物质文化遗产体验、博物馆展览和“新中式”旅游迎来消费热潮，热门博物馆、古城古镇类景区的预订热度与往年同期相比增长超过四倍。而各地的文博单位也就自身资源推出一系列深度体验活动，与广大市民和游客积极互动，使游客了解和体验传统文化的魅力。民俗、“非遗”与文博的结合，成为拓展当地生活和促进当地文旅的新途径。

传统的民俗与节日，正以新潮的方式改变人们的日常生活。一方水土，孕育一方文化，民俗亦然，“非遗”亦然。而如何保护、传承，并利用、创新、发展“非遗”，则任重而道远！

截稿时，甲辰岁即将过半。麦收入仓，秋播正在进行，秋收已在路上。在此，向为本辑撰写稿件的前辈、长者、师者、朋友致谢，感谢他们的大力支持。这一辑的成稿期间发生了很多令人感动的事情。如李森祥老师，二十年前他策划并参与创作的《天下粮仓》感人至深。为了让收入本辑的文章更有深度，他今年亲自去乡村体验、走访，了解情况。他说：“不这样做，就没有写这篇文章的意义了。”这句话朴素而掷地有声，体现文人的责任与担当。

在此，也感谢团队领导与同人的通力合作。麦收季是收获季，本辑《乡村振兴观察》也是上半年我们共同的收获。此时也适逢高考季，那么，本辑《乡村振兴观察》也算是我们交付的一份答卷，亟待社会各界的批评与指正！

2024 年 6 月 15 日 于上林别苑